JN071588

メリー・クリスマス・トゥ・ユー！2

Merry Christmas
To You！2

岸本大樹・大嶋重徳・加藤満・吉川直美
富浦信幸・川口竜太郎・百武真由美

はじめに

「教会でもクリスマスをやるんですね?」

こうおっしゃる方がたまにいると、あるところで聞かされたことがありましたが、「そんな人、いるわけないでしょう」と思っていました。

しかし、前任地の教会で働いていたとき、すぐ近所に仏教系の幼稚園があったのですが、そこで新しく働き出した職員の方が教会堂のクリスマスの装飾を見て、「教会でもクリスマスをやるんですね?」とおっしゃいました。私はそれを聞いて、驚きのあまり、「教会が本家本元なので……」と答えるのが精一杯でした。後になって、「もっとクリスマスの意味をお伝えすれば良かった……」と思いました。

その思いは今も変わりません。一人でも多くの方に、クリスマスの意味を伝えたい。イエス・キリストがなぜこの世にお生まれになったのか、その真理を伝えたい。イエス・キリストによる喜びを分かち合いたい。心からそう願って、ここに七名の牧師たちによるメッセージをお届けします。

昨年、『メリー・クリスマス・トゥ・ユー!』を出版させていただきましたが、今年は顔触れを一部変えて、そのパート2としての出版となりました。昨年と同様、ここにメッセージを記した執筆者は、所属する教会や団体、学んだ神学校、メッセージのスタイルまですべて異なりますが、イエス・キリストによる喜びを何とかして伝えたいという思いは同じです。この本は、クリスマスのメッセージ集でもありますが、喜びのメッセージ集です。

クリスマスにはお近くの教会に足を運んでいただければ幸いです。どの教会でも、クリスマスの出来事を通して、イエス・キリストの喜びが語られています。

この本を手にされた方々の上にイエス・キリストの豊かな祝福を祈ります。

二〇二三年十月

執筆者を代表して　**岸本大樹**

目　次

装幀　光後民子

私たちの言葉を救うクリスマス

大嶋 重徳

初めにことばがあった。ことばは神とともにあった。ことばは神であった。この方は、初めに神とともにおられた。すべてのものは、この方によって造られた。造られたもので、この方によらずにできたものは一つもなかった。この方にはいのちがあった。このいのちは人の光であった。光は闇の中に輝いている。闇はこれに打ち勝たなかった。

神から遣わされた一人の人が現れた。その名はヨハネであった。この人は証しのために来た。光について証しするためであり、彼によってすべての人が信じるためであった。彼は光ではなかった。ただ光について証しするために来たのである。

すべての人を照らすそのまことの光が、世に来ようとしていた。この方はもとから世におられ、世はこの方によって造られたのに、世はこの方を知らなかった。この方はご自分のところに来られたのに、ご自分の民はこの方を受け入れなかった。しかし、この方を受け入れた人々、すなわち、その名を信じた人々には、神の子どもとなる特権をお与えになった。この人々は、血によってではなく、肉の望むところでも人の意志によってでもなく、ただ、神によって生まれたのである。

ことばは人となって、私たちの間に住まわれた。私たちはこの方の栄光を見た。父のみもとから来られたひとり子としての栄光である。この方は恵みとまことに満ちておられた。

（新約聖書「ヨハネの福音書」1章1～14節）

クリスマスおめでとうございます。

クリスマスによく開かれる聖書の箇所は、新約聖書の「マタイ福音書」のヨセフと博士の物語、さらに「ルカ福音書」のマリアの受胎告知と野原で羊飼いに現れた天使の賛美の光景です。それらのクリスマスの光景とは違って、「ヨハネ福音書」はイエス・キリストの誕生を描きません。ヨハネが記すのは、神がイエス・キリストをどうして地上に遣わされたのかということを、深遠な言葉で語りかけてきます。

ことば

1節「初めにことばがあった。ことばは神とともにあった。ことばは神であった。」

この世界の「初め」には、ことばがあったと記します。この「ことば」とはギリシア語で「ロゴス」という表現で「真理」を意味する言葉です。日本語でも漢字を用いずに、平仮名で記すしかない「ことば」であり、この「ことば」は初めから神とともにある「ことば」で、「ことば」自身が神だと聖書は語ります。

そして

2節「この方は、初めに神とともにおられた。」

「ことば」は「この方」と呼ばれる存在であることを説明し、

3節「すべてのものは、この方によって造られた。造られたもので、この方によらずにできたものは一つもなかった。」

「この方」と呼ばれる「ことば」は、世界が創造された時に、父なる神とともに、父なる神のそばで、世界の創造のわざに加わっておられた方であることを記します。そして、

4節「この方にはいのちがあった。このいのちは人の光であった。」

人の光となる「いのち」がある方である「ことば」なる方とはイエス・キリストです。単なる言語ではない。真理であり、いのちであり、光である方。英語もまた「The Word」まさに「ことばの中のことば」としか言いえない存在だと表現する方こそ、クリスマスに誕生されたイエス・キリストです。

賢きもの

このヨハネ福音書1章の箇所が最初に日本語に訳されたのは一八三七年のことです。大塩平八郎の乱のあった江戸時代でした。週刊朝日に連載された三浦綾子さんの『海嶺』という小説には、この聖書翻訳に関わった日本人が描かれます。尾張国《おわりのくに》、今の愛知県出身の船乗りで、乙吉、久吉、万吉の三人です。彼らは米を積んで江戸に向かう途中に遠州沖で遭難し、カナダのバンクーバー近くまで漂流します。そこでネイティブ・アメリカンに捕虜にされ、奴隷にされ、やがてイギリ

スに売られる悲劇を迎えます。そしてイギリスを経てマカオにたどり着いた時、彼らを出迎えたのがドイツ人宣教師ギュツラフでした。ギュツラフ宣教師は彼ら三人から日本語を学び、プロテスタント宣教師によるヨハネ福音書とヨハネの手紙の最初の聖書翻訳をします。

そして書名は「ヨアンネスノ　タヨリ　ヨロコビ」、1章1節は「ハジマリニ　カシコイモノゴザル。コノカシコイモノ　ゴクラクトモニゴザル。コノカシコイモノワゴクラク」となりました。

「ことば」は「賢いもの」と訳され、「神」は「極楽」と訳されました。神を極楽と訳したことなどで、ギュツラフ訳は批判もされますが、しかし言語学者の中で非常に高い評価をされています。なぜならば乙吉、久吉、岩吉たちが生きていた尾張の生活の言葉で聖書の言葉が表現されているからです。

例えば5節は「闇はこれに打ち勝たなかった」とありますが、ここは「コノヒカリワ　クラサニカガヤク、タゞシワ　セカイノクライニンゲンワ　カンベンシラナンダ」（この光は暗さに輝く。ただしは、世界の暗い人間は、勘弁しらなんだ）となっています。「勘弁シラナンダ」とは、彼らの尾張弁の「我慢できなかった」という意味です。

14節もまたそうです。「この方は恵みとまことに満ちておられた」は、「クライ（位）ワ　チ、ノ　ヒトリムスコ、ヲンゲイホントニイイバイ」。「恩恵本当にいいばい」とは、つまり「神の恵みがほんとにいっぱいある」というのです。現代の14節よりもぐっと響いてきます。

ギュツラフ先生を助けた乙吉たちは、自分の生まれた村を思いながら、家族を思いながら、心に浮かび上がってきた言葉を選んだのです。乙吉たち三人は船が難破し、仲間たちを失いました。漂流し、たどり着いたカナダで奴隷にされ、自分の人生を売り買いされました。自然の恐怖、人間の無力さ、恐ろしさを知った乙吉たちが、「ことば」を「カシコイモノ」、「賢き知恵」と訳した思いは、非常によく分かるように思います。

彼らもまた、この「賢きもの」を求めていたのです。「自分はどうすれば自分の人生をもっと賢く生きてくることができたのだろうか」と悩んできたのです。そしてこの「賢き知恵」を、自分の家族にも伝わる言葉で届けたいと願ったのでしょう。

知恵を求める私たち

私たちもまたそうです。「賢さ」を探しています。本当の「賢き知恵」とは何なのだろうかと思います。突然、愚かな戦争が世界で始まります。自分の国こそが正しいという言葉であふれかえっています。「ここに投資するといいよ」という儲け話に乗った人たちが人生を失っていきます。誰かを論破し、傷つけても平気な顔をしています。言葉の暴力がとどまるところを知りません。

私たちは言葉の洪水の中を歩いているようです。どこに本当の「ことば」があるのだろうかと思います。闇の中で輝く光のような道標が必要です。「賢きもの」が必要なのです。

がん哲学外来メディカルカフェを始められたクリスチャンの樋野興夫氏（順天堂大学名誉教授）は、「ことばの処方箋」という言い方をされます。医者は薬の処方箋を書くけれども、私は「ことばの処方箋」を書くと言われます。がん患者やそのご家族の顔をじっと見て「どんな言葉をかけてあげればよいか」と考える。するといくつかの言葉が浮かんでくる。それを一つ二つかけてあげると、相手の顔がみるみる明るくなる。それらの現場で得てきた言葉をまとめた本が出版されています。先日、樋野先生とご一緒になる時間があり、「樋野先生、『ことば』とはなんですか？」とお聞きしました。「言葉には良い言葉もあるけれど、悪い言葉もある。病気になると心が悪い言葉でいっぱいになることがある。そこを良い言葉で満たすことが必要です」と話されました。

確かに私たちが、心を暗くする言葉を聞き続けていくならば、私たち自身の言葉も暗くなり、悪くなっていきます。家族の中で愛のない言葉をかけられ続けていく時、その家庭で育った子どもたちもまた、愛のない言葉を口にすることをためらわなくなります。自分が傷つけられたように、人を傷つけていくのです。

言葉が人となって住まわれる

しかし、ヨハネ福音書はこう記します。

14節「ことばは人となって、私たちの間に住まわれた。私たちはこの方の栄光を見た。父のみもとから来られたひとり子としての栄光である。この方は恵みとまことに満ちておられた。」

「賢きことば」「知恵のことば」「ロゴス」「神のことば」は、人となって、私たちの間に住んでくださったのです。恵みとまことに満ちている「神のことば」が、人の言葉の中に入ってきてくださったのです。ここにクリスマスの理由があります。クリスマスに、神の子イエス・キリストがこの世界に「ことば」となって生まれてくださったのは、私たちの言葉を救い出すためです。私たちの生活の中の言葉が変えられていくためにです。神は私たちの日常の言葉を救い出そうとしてくださっているのです。

神が肉体をまとって、私たちと同じように喉を震わせ、舌を用いて、唇から出てくる言葉を変えるために、神は「人となって、私たちの間に住まわれた」のです。ここにクリスマスの訪れがあるのです。

住んで分かる

「住まわれた」という言葉は、「天幕を張って、そこに住む」という意味です。旅行先の簡単な宿泊ではありません。

北陸金沢に住んだ時に、「風の人」という言葉を教わりました。その土地で生まれていない人のことだそうです。「あの人は風の人だからね」という場合、「またどこかへ移り住む人でしょ」という意味合いがあります。厳しい雪国に住む人たちの自然とともに生きる覚悟から生まれた言葉なのだと思いました。「雪に閉ざされる冬を生きる覚悟があるのか」、それがなければその人に期待しても自分が虚しくなるからなのだろうと思います。

しかし神は「私たちの間」に住んでくださいました。この世界に生きる覚悟を神がしてくださったのです。しかも赤ちゃんの姿で生まれ、飼葉桶《かいばおけ》という貧しさを経験し、私たちの間に住んでくださいました。神は私たちの世界の苦しみを知っておられるのです。そして何より十字架につけられ殺されるという、人間の悪意に満ちた言葉に取り囲まれながら、「神のことば」を見失うことなく、愛の言葉をこの世界にもたらし続けられたのです。

その方の言うことだからこそ、私たちに「届く」のです。私たちに「響く」のです。「尾張藩の言葉」のように、人に伝わる言葉に神がなってくださったのです。

「風の人」と対になる言葉は「土の人」だそうです。しかし一方で「人間の土」に混ざり込んでしまう神のことばではありませんでした。人間の言葉に敗北し、呑み込まれてしまうキリストのことばではありませんでした。聞いたことのない言葉、人間の罪の言葉に、土の言葉に混ざることのない新しい「ことば」をもたらしてくださったのです。

では私たちはその新しい神のことばを、どうすれば自分のものとしていくことができるのでしょうか。

神の子どもとなる特権

12節「しかし、この方を受け入れた人々、すなわち、その名を信じた人々には、神の子どもとなる特権をお与えになった。」

それは「この方を受け入れる」ことです。その名を信じることです。その時、信じた人々は「神の子どもとなる特権」が与えられるのです。「神の子どもとなる」とは、神の家族とされることです。家族は、日々一緒に御飯を食べます。一緒に会話をします。人間は親にかけられた言葉によって、自分の言語文化を作り上げていきます。愛のない言葉を聞き続けた言葉は、愛のない言葉しか聞いていないため、愛のない言葉を語ることに躊躇《ちゅうちょ》がなくなるでしょう。

しかし神様と一緒に生活を過ごす時、私たちは「賢きことば」を日々、耳にすることとなるのです。耳にしていくだけではなく、聖書のことばを分かち合っていく時に、自分でも「賢きことば」を口にしていくことにもなっていきます。

「特権」という言葉は、「何かしらの力に支配されていない」「何かの規則から自由となっている」いう意味があります。クリスチャンになるというのは、この世の中の支配にとらわれていないことです。この世界の言葉の外に出ていくのです。キリストを十字架につけた強い言葉の外で自由にされていくのです。

神を信じる時に、「ことば」なるキリストの家族とされて、新しいことばを獲得していく。イエス・キリストに似せられていくのです。もちろんいきなり変わることはありません。少しずつ少しずつです。聖餐《せいさん》という神の家族の食卓に座り、父なる神様と長男であるイエス様の言葉に触れていきながら、私たちは変えられていくのです。そこで自分も考えていることを「祈り」というやり方で、父なる神様に聞いてもらっていく。そこで私たちは神との交わりの中で、自分の言葉が救われていくのです。

私は最近よく「言うことが実家の父にそっくりになってきたなあ」と母から言われます。私の息子もまた最近、私と話すことが似てきました。同じように私たちが神様とともに生きていく時、「最近、言うことが神様に似てきたねえ」と言われるようになるのです。「賢きことば」であるイエス・キリストを受け入れ、信じていく時、私たちの言葉がイエス様のように似ていく。私たちの言葉が救われていくのです。

言葉とはなにか

さらに「ことば」となられた神が、私たちの生活に届いてくださったように、私たちの言葉もまた誰かに深く届いていく「恵みとまことに満ちた」言葉となっていきます。キリストの「賢きことば」を聞き続け、話し続けていく時に、かつて私たちが誰かを傷つけてしまった言葉も変えられていきます。傷つけるどころか、誰かを癒《い》やす言葉になっていくのです。

私の言葉も変わってきたと思います。妻と結婚し、一緒に生活をするようになって、私の言葉は変わっていきました。それまでの自分の家（大嶋家）の言葉と、彼女の家（久田家）の言葉が、自分の言葉に強い影響を与えていました。しかし結婚をして、新しい言葉が家族の中で生まれていきました。しかしここには罪の言葉が混ざっています。互いの家庭の過去にある闇の言葉が入り込んできています。自分の弱さをもった言葉が、相手を傷つけていくことが起こります。相手に悲しみをもたらす言葉を言ってしまう自分がいるのです。

しかし神のことばを学んだ私たちは、互いの間でも愛の言葉を使っていくのです。私の妻は、「愛しているよ」と言われるのが、とても好きです。しかし私の言語文化にはそれを言うことなどありませんでした。私の両親も「愛しているよ」という人ではありませんでした。しかし「愛しているよ」という言葉が妻に喜びや慰めをもたらすのであれば、私は「愛しているよ」という言葉を言っていくのです。私の中に住まわれているキリストが「言うように」とおっしゃるのであれば、それを言葉にしていくのです。練習をしてでも言っていくのです。「自分のキャラではないから」「自分たちの時代では言わないから」と言わずに、「恵みとまことに満ちている」言葉をこの世界にもたらす人になっていくのです。

言葉になった神の愛

愛はいつも届かなければ愛ではありません。私たちは「言わなくても、それはわかってよ」と言いやすいものです。しかし言葉にしなくては、私たちにはわかりません。神の愛もそうです。聖書という言葉にしてくださったからこそ、私たちは神の愛を知ったのです。あんなにも分厚い愛の言葉が、あなたに届けられたからこそ、私たちは神の愛を知ったのです。それであるならば、私たちの愛も言葉にしなくては伝わるはずはありません。

結婚をするカップルとの学びをする時、いつも「愛され言葉」「悲しみ言葉」と呼んでいる学びがあります。「愛され言葉」とは、自分が愛を感じる言葉です。私の妻の愛され言葉は、「愛しているよ」という言葉とともに、お花を贈ることが彼女の愛を感じることなのです。しかし私は女性に花を贈ったことがありませんでした。いろいろと考えて「花といえばバラだろう」、そして「バラと言えば真っ赤なバラだろう」と考えて、初めてのクリスマスに真っ赤なバラの花束をプレゼントしました。その時とっても喜んでくれたので、その次の年も真っ赤なバラを贈りました。しかし昨年ほどの喜びではない。あれっと思いながら、翌年にも贈るとついに彼女が「実は私は真っ赤な赤よりも、淡いピンクのほうが好きなんだよね……」と言ったのです。「えーっ、早く言ってよ」と思いつつも、買い慣れていないお花を一生懸命買ってくれた夫の気持ちを傷つけないように三年も待ってくれた彼女の優しさもそこにありました。さらに彼女の側でも「今言わなければ、一生真っ赤なバラになるだろうな」という不安と恐怖もあったでしょう。私たちはきちんと言葉にしないと伝わりません。

　ある夫婦セミナーで講演をした際のことです。「互いの愛され言葉を言い合ってください」と、会場に来られている方々にお話しし、皆さんでご自分の愛され言葉を分かち合ってもらいました。するとある男性が「自分の愛され言葉は、家に帰ると電灯が玄関に点《つ》いていることです」と言われたのです。お隣の奥様もぽかんとされて「どういうこと?」と聞かれました。すると、「あの玄関の灯りを見ると、ああ今日も自分を待っていてくれる人がいる。よし明日も頑張ろうと思えるんです」。その言葉を隣で聞いていた奥様がポロポロと涙を流されました。「私の思いはきちんと夫に伝わっていたんですね。」非常に美しい光景でした。しかしそれを言わなければ、その思いがずっと奥様には伝わっていなかったでしょう。

　一方、互いに言ってはいけない悲しみをもたらす「悲しみ言葉」もあります。これもまた、お一人お一人の人生で違います。その悲しみ言葉を互いに言わないように心を配りながら、同時に愛の言葉で満たし合うことで、私たちの人生に悲しみをもたらす場所に癒やしが与えられていきます。そして自分の愛され言葉を伝え、愛されやすい人になっていくのです。

愛の言葉があふれていくことこそ、神様が「ことば」となられて私たちの間に住まわれたことの理由です。今、神のことばは私たちの間に住まわれ、私たちの言葉は聖書のことばによって影響を受けることができます。私たちの言葉が愛の言葉に、届く言葉に変えられていくことが、クリスマスに起こる奇跡なのです。

伝わる言葉で――愛の言葉を語るプレゼント

クリスマスにあなたも愛の言葉を届ける人になってほしいと思います。相手の欲しい物をあげることも素晴らしいことだと思います。しかし、あなたが愛の言葉を贈る人になることを、神はあなたに求めておられるのです。そして神様は何のためらいもなく、あなたに愛の言葉をかけられています。この神の愛に似せられていく時、あなたは今年、愛の言葉をあなたの家族に、あなたの伴侶に、あなたのご両親に、愛の言葉を送り届けてほしいと思います。

教会の中高生会のクリスマスで、同じ話をした後に、中学生男子たちに、お母さんのＬＩＮＥに「お母さん、いつもありがとう。大好きだよ」と贈る企画をしました。すると戸惑いながら、お母さんたちから「どうした？　大丈夫？」と返信があって、みんなで大笑いをしました。私たちは愛の言葉を言い慣れていませんし、言われ慣れてもいません。

しかし愛の言葉を言い始める時、世界は変わっていくのです。

かつてギュツラフ訳以前に「神の愛」は「神のご大切」と訳されました。「十字架は神のご大切」という響きのほうが「神の愛」よりも伝わってくるような思いがします。神は私たちを「大切に思ってくださっている」、そして聖書の言葉に生きる時、あなたも誰かを「大切にできる」、「愛しているよ」と言うことができるようになるのです。

愛の言葉はこの世界に光をもたらします。このことばに照らされて生きていきたいと思います。「オンゲイホントニイイバイ」と、恵みが本当にいっぱいあふれている。この方がおられる時に、私たちの闇のような言葉に、やがて「光が見え」てくるのです。

「メリークリスマス！」

加藤　満

さて、その六か月目に、御使《みつか》いガブリエルが神から遣《つか》わされて、ガリラヤのナザレという町の一人の処女のところに来た。この処女は、ダビデの家系のヨセフという人のいいなずけで、名をマリアといった。御使いは入って来ると、マリアに言った。「おめでとう、恵まれた方。主があなたとともにおられます。」しかし、マリアはこのことばにひどく戸惑って、これはいったい何のあいさつかと考え込んだ。すると、御使いは彼女に言った。「恐れることはありません、マリア。あなたは神から恵みを受けたのです。見なさい。あなたは身ごもって、男の子を産みます。その名をイエスとつけなさい。その子は大いなる者となり、いと高き方の子と呼ばれます。また神である主《しゅ》は、彼にその父ダビデの王位をお与えになります。彼はとこしえにヤコブの家を治め、その支配に終わりはありません。」マリアは御使いに言った。「どうしてそのようなことが起こるのでしょう。私は男の人を知りませんのに。」御使いは彼女に答えた。「聖霊《せいれい》があなたの上に臨《のぞ》み、いと高き方の力があなたをおおいます。それゆえ、生まれる子は聖なる者、神の子と呼ばれます。見なさい。あなたの親類のエリサベツ、あの人もあの年になって男の子を宿しています。不妊と言われていた人なのに、今はもう六か月です。神にとって不可能なことは何もありません。」マリアは言った。「ご覧ください。私は主のはしためです。どうぞ、あなたのおことばどおり、この身になりますように。」すると、御使いは彼女から去って行った。

（新約聖書「ルカの福音書」1章26～38節）

私が毎年クリスマスの季節に聞く曲の一つに、さだまさしさんの「遙かなるクリスマス」があります。たまたまテレビで一度聞き、その歌詞に聞き入ってしまいました。「メリークリスマス」という言葉が、くり返し歌われます。「クリスマス、おめでとう！」「良いクリスマスを！」という意味の言葉です。言葉を贈る相手に、この季節が喜びと祝福に満ちたものとなりますようにという願いを込めた祝福の言葉です。

ただこの歌は、祝福だけを歌うのではないのです。「メリークリスマス」と歌いながら、光り輝くイルミネーションの背後にある、暗く、陰鬱《いんうつ》な現実を歌うのです。騒がしいクリスマスのBGMにかき消されている銃声、爆撃音、その中で命を失う人々の慟哭《どうこく》について歌うのです。そして、そのような現実が世界のどこかでリアルなものとして起きていることを知りながらも、必死に目を背け続けながら、暖かな我が家へ歩を進める自らの偽善、卑劣さ、自己矛盾の痛みを歌うのです。「メリークリスマス　世界中が幸せであれと願う君と　いえいっそ世界中が不幸ならと願う僕がいる」。この曲は二〇〇三年に勃発したイラク戦争への反戦歌として作曲されたそうですが、今なお、いえ今だからこそ、胸が詰まらされる歌詞です。

いま私たちは、クリスマスの季節を祝おうとしています。ここ数年とみに私は、今年のクリスマスは本当に「メリークリスマス」と祝えるのだろうかと自問しています。光り輝く季節の背後に横たわる闇が、目を反《そ》らせないほど大きくなってきたからです。大震災、コロナ・ウイルスは、あまりにも多くの人々の命を奪い過ぎました。その痛み覚めやらぬ間に、ウクライナにロシアが侵攻してしまいました。ＳＮＳの発達によって、これまで覆い隠されていた戦争のリアルが手元で見られるようになってしまいました。「〇人が死亡しました」という報道が間断なく流れます。そのすべてのことに心を痛めていては、自分の日常が保てない。ですから自己防衛として、人の命を数値情報に意図的に切り替えている自分がいます。

しかし、そのような麻痺に逃げ込み、何かから必死に目を反らしながら、「メリークリスマス」と叫ぶ時に、私自身もまた自己矛盾の痛みに押し潰されそうになります。メリークリスマス！　本当にそう叫ぶことができるのだろうかと自問せざるをえない。メリークリスマス！　そう祝福を叫ぶ、その背後に横たわる、取り扱いきれない闇を無視することができない。世界中に、そして自分の中に。

この闇を本当に照らしてくれる光がなければ、本当の意味でクリスマスを祝福できないと思うのです。それは蛍光色の電球が彩るような仮初《かりそ》めの光ではない。本当の闇を照らす、本当の光。これがなければ、メリークリスマス！と、いつまでも心から言えない。そう思うのです。

「主よ、世界に、私に、本当の光を照らしてください。」そう祈るような思いでクリスマスを迎えています。そう祈りつつ、ご一緒にクリスマス・ストーリーに目を向けさせていただきたいと願っています。

クリスマスの光と闇

光について物語るクリスマス・ストーリーにおいて、共通するイメージは、キャンドル・サービス、燭火礼拝《しょっかれいはい》ではないでしょうか。クリスマスの季節の中で私が一番好きな光景です。電灯の消された真っ暗な礼拝堂の中で、一本の蠟燭《ろうそく》に火が灯ります。それまで会堂を覆っていた闇はほのかに薄まり、闇の中で感じていた不安も和らぎます。そして一本の蠟燭の灯火、その光から目が離せなくなります。実にクリスマスを物語る光景です。

闇の中にうずくまる人々は、光を見るのです。ある時、それは荒野で夜番をする羊飼いでした。天からの御使いの軍勢が彼らの視界を光で満たします。しかし、もっと大切な光が、あなたのための光が生まれた。そう告げられて、彼らは驚きつつベツレヘムへと向かいます。ある時、それは東方の博士らでした。彼らは不思議な星の光に心を奪われ、旅を続けました。しかし星は、もっと大切な光が生まれたことを示すために、博士たちをベツレヘムの馬小屋へ案内しました。羊飼いも、博士らも、そこで光に出会いました。生まれたばかりの小さな幼子です。この方こそ、真っ暗な世界に灯った一筋の光、闇を照らす本当の光。羊飼いも、博士らも、そのお方を礼拝します。すると、何かが起こります。彼らの内に光が灯ったのです。まるで蠟燭の灯火が隣から隣へと渡されていくように、光に触れて光が灯るように。そのようにして、闇の中で光を求める人々に、光が臨んだ。クリスマスの奇跡です。

 「メリークリスマス！」

しかしながら、そのような灯火だけを見つめて、クリスマス・ストーリーを閉じることはできません。聖書は灯火を覆う闇についても記しています。博士たちが去った後、博士たちに騙《だま》されたことに怒り狂ったヘロデ王は、ベツレヘム一帯の二歳以下の男児を虐殺しました。これは、慰める言葉もかけられないほどの痛みでした（マタイ2・16〜18）。灯火をなおも覆う深い深い闇です。聖書はクリスマスに光と闇のコントラストを描き出します。闇の中に光は来た。しかしなおも光を覆う闇があると語るのです。

マリアの光と闇

クリスマスの光と闇、そのことを思い巡らす時に浮かぶのは、マリアという女性です。彼女はナザレという小さな村の女性です。「ナザレから何か良いものが出るだろうか」（ヨハネ1・46）と言われるほど、何もない貧しい村、少なくとも旧約聖書から見て、そして当時の地政学的に見ても、何ら特別な場所ではありません。そのような村で育ったマリアも、何か特別な女性ではなかったかもしれません。素朴なユダヤ人の女性。きっと、いいなずけのヨセフと共に、貧しいながらもささやかな幸せを守りつつ生きる、そんな密かな美しさを持った女性だったのかもしれません。

しかし、そのマリアのもとにも光が訪れます。天の神から遣わされた御使いガブリエルが、マリアの元にやってきて告げます。「おめでとう、マリア！」と。そして、続けてこう言うのです。「恐れることはありません、マリア。あなたは神から恵みを受けたのです。見なさい。あなたは身ごもって、男の子を産みます。その名をイエスとつけなさい。その子は大いなる者となり、いと高き方の子と呼ばれます。また神である主は、彼にその父ダビデの王位をお与えになります。彼はとこしえにヤコブの家を治め、その支配に終わりはありません。」（ルカ1・30〜33）。

マリア、恐れなくてもいいよと。御使いは柔らかく、マリアの心を気遣うように語ります。わたしはあなたに恵みを伝えに来たのだと。元のギリシア語を見ますと、この直前のマリアへの挨《あい》拶《さつ》「おめでとう、恵まれた方。主があなたとともにおられます」（1・28）から「恵み」という語が連続的に響いているのです。まるで御使いガブリエルの言葉が、恵みという美しい調べの響きわたる中で語られていることを知らせるかのように。

では、マリアへ響く恵みとは何でしょうか。それは、「あなたは男の子を産む」ということでした。その子の名をイエスと名付けなさい。その男の子は「大いなる者」「いと高き方の子」である。この表現はどちらも、「神」の称号を指し示す表現です。つまりマリアが産む幼子は、神だと言われるのです。幼子という姿形を持ちます。しかしこの子は神である。

また男の子は、ダビデの王位を継承します。これはこの時代のユダヤ人が何百年も待ち望んでいた言葉でした。ダビデから始まる王国は、ユダヤ人にとって世代を超えて「帰るべき場所」です。マリアの時代から六百年ほど前に、このユダヤ人国家は崩壊しました。そして彼らの国土は一時を除き、諸外国の支配下に置かれ続けてきたのです。この時代のユダヤ人の希望は、ただ「ダビデの家を建てる」（Ⅱサムエル7・13参照）という神の約束の言葉だけでした。御使いは、あなたが産むその男の子を通して、その希望が叶うと語ったのです。

マリアたち、ユダヤ人にとって、いいえ、この世界にとって重大なことが始まっているのです。マリアはどのように受け止めたでしょう。マリアは御使いの「ことば」を懸命に受け止める女性でした（ルカ1・29）。ただ、ことばの内容が示す神のご計画は、人の理解を超えた大いなることと（エレミヤ33・3）でした。ただ驚き、戸惑うほかなかったのではないでしょうか。しかしマリアにおいても、この知らせは喜びであったはずです。支配の中で、貧しくされたマリアの闇を照らし、ナザレの闇を照らし、ユダヤ民族の闇を照らす光が訪れるという知らせ。マリアはガブリエルの威光以上に、語られたことばに光を見たのです。何百年も灯ることのなかった蠟燭に火が灯る。そう思う時、彼女の心は喜びに満たされたことでしょう。

ただ、光のまばゆさに惹《ひ》かれて手を伸ばそうとしたとき、マリアはふと光を覆う闇が目に留まりました。

「どうしてそのようなことが起こるのでしょう。私は男の人を知りませんのに。」（ルカ1・

34）

マリアにはヨセフという「いいなずけ」、つまり婚約者がいます。当時のユダヤ人の婚約は結婚と同じ拘束力を持っていたと言われます。もしも今、この神のことばを受け入れるならば、ヨセフと交わる前に子どもを身ごもったならば、自分はどうなるだろうか。周りの人は、ヨセフは、どう思うでしょうか。深く傷つけることになるかもしれません。失望されるかもしれません。いいえ、不貞の罪に問われ、命さえ奪われる危険性があります。神の指し示す光へ近づこうとするマリア、しかしその一歩は底の見えない闇に一歩足を踏み入れることでもあるのです。

闇の中で神を知る

闇に目を奪われ、一歩足を踏み出せないマリア。しかし彼女を支える神のことば、御使いガブリエルの声がありました。

「聖霊があなたの上に臨み、いと高き方の力があなたをおおいます。それゆえ、生まれる子は聖なる者、神の子と呼ばれます。見なさい。あなたの親類のエリサベツ、あの人もあの年になって男の子を宿しています。不妊と言われていた人なのに、今はもう六か月です。神にとって不可能なことは何もありません。」（ルカ1・35～37）

御使いは、恐れ惑うマリアに寄り添います。ごちゃごちゃになった糸を解くかのように、一つ一つ丁寧に、マリアの恐れに触れていくのです。

「聖霊があなたの上に臨み」と言いました。〝マリア、闇を進むのはあなただけではないよ〟と言います。〝神の御子の誕生。その一大事業を推進する責任者はマリア、あなたではない。聖霊なる神、すなわちマリアと共におられる神であるわたしが責任を持って進める〟と言われるのです。それゆえ、マリアが進み出す一歩が、先の見えない深い闇であろうと、そこに神はおられる。

思えば、神はそういうお方なのです。

恐れるな。わたしはあなたとともにいる。
たじろぐな。わたしがあなたの神だから。
わたしはあなたを強くし、あなたを助け、
わたしの義の右の手で、あなたを守る。（イザヤ41・10）。

一寸先の視野が閉じても、その時に「恐れるな！」という声が聞こえるのです。語りかけてくださる神。萎《な》える心を励まし、その歩みを守る神。そうです、神はそういうお方なのです。

また「いと高き方の力があなたをおおいます」と言いました。この「おおう」という言葉は、調べてみますと、「影で覆う」という意味の言葉です。親が子どもの上に覆いかぶさり、子どもを抱きしめて守るかのような言葉なのです。御使いは言います。〝マリア、あなたは闇に覆われているのではない。あなたは神に覆われているのだ、神に抱きしめられているのだ。親が子どもを守るために命懸けで抱きしめるかのように。マリア、神はあなたを抱きしめる。〟そう語るのです。

思えば、私たちは心の奥底でそのように抱きしめられることを願っているのかもしれません。

私をあわれんでください。神よ。
私をあわれんでください。
私のたましいは　あなたに身を避けていますから。
私は　滅びが過ぎ去るまで
御翼の陰に身を避けます。（詩篇57・1）

人生には闇があります。私たちは安心できる場所を渇望しています。しかしそれは、おそらく「あそこ」と言えるような特定の場所ではないのです。それはきっと愛の関係なのです。あなたを愛し、あなたを抱きしめる人こそが安心できる場所なのです。詩篇を書いた詩人は告白します。神よ、あなたこそ私の身を避ける場所。あなたこそ、私の安心できる場所なのだと。闇の中で、私たちはそのような場所を、そのような愛を求めているのではないでしょうか。

そしてガブリエルは「神にとって不可能なことは何もありません」と言いました。何と力強いことばでしょう。このことばには二つの響きがあります。一つはマリアの疑問への応答です。不妊だった親戚エリサベツが高齢で子を宿したように、神の奇跡がすべてを進めている。だからマリア、何も心配することはない。そういう励ましです。

ただもう一つ聞こえるのは、数百年前に語られた預言者エレミヤの言葉です。

「わたし〔神〕にとって不可能なことが一つでもあろうか。」（エレミヤ32・27）

これは先述した、ダビデから始まるユダヤ人国家の滅亡直前に語られた言葉です。「神は無力だ。私が何をしようと神は私に何もしない。」そう憚《はばか》らずのたまう国は、神に滅ぼされてしまいました。神は無力ではありません。死をもたらす力があります。そして、死からよみがえらせる力があります。国家滅亡後、民は連れ去られ、都は焼け野原となりました。その場所を前に、神は言われるのです。私はここに回復と癒《い》やしを与えると（同33・6）。なぜなら「わたしにとって不可能なことが一つでもあろうか」（同32・27）。神は無力ではないからです。何一つ良いものが見いだせない場所であっても、死んだ場所であっても、神はよみがえらせる力があるお方だからです。どんな死に置かれていても、いのちを与える力を持つから、神は全能と呼ばれるのです。

「神にとって不可能なことは何もありません。」

マリアは旧約聖書に親しんできた女性です。御使いのことばに、マリアは死から命を生み出す神を思い出したのではないでしょうか。マリアの周囲の世界は、決して明るいものではなかったでしょう。そして御使いのことばは、マリアに光を示すと同時に深い闇へと誘いました。ただ、マリアはいのちを与える神、光を与える神を思い出したのです。〝ああ、そうだ。確かに、神はそういうお方だった。私の周囲にあふれる闇、私自身の闇、それがたとえ死にとらわれるような世界であっても、神はそこにいのちを与え、光を注ぐ神である。慰め、建て直し、新しいことを始める神である。〟

御使いはマリアに安定を与えたわけではないのです。扱いきれない闇はなおも眼前に広がります。しかし御使いのことばを通し、マリアは、マリアを愛する神を知ったのです。迷う時に、闇しか見えない時に、マリアに恵み深い神を思い出した。ああ、神は生きておられると思い出したのです。

だから、闇の中をマリアは一歩進み出します。

「私は主のはしためです。どうぞ、あなたのおことばどおり、この身になりますように。」

（1・38）

「はしため」「仕え女」と訳されているのは「奴隷」という言葉です。つまり条件をつけず、そのまま、マリアは神のことばを受け入れました。この神が共におられるのであれば、一歩踏み出すための条件など不要なのだと言わんばかりに。

神が叫んでおられるのです

よく、マリアは「信仰者の模範」と表現されます。しかしそれは、マリアだけが特別な女性であるということではないと思うのです。あえて雑に申し上げるならば、私たちは誰でもマリアになるのです。なぜなら、ここで起きていることは非常にシンプルだからです。それは闇の中にある者のところに光が来たということ、そして光を求めて受け入れたということです。まるで蠟燭の灯火を分けてもらい、自分の蠟燭に火を灯すかのように。神という光、そして神の御子イエス・キリストの光です。マリアが出会った神は、今も生きておられます。今も私たちと出会われます。どこで？　何を通して？　マリアが示すとおりです。マリアは御使いの「ことば」を通して神ご自身と出会いました。

私自身も神と出会い、その胸に光を灯される経験をしたのは、聖書のことば、神のことばを通してです。聖書のことばを通し、私の本当の闇を知り、聖書のことばを通し、本当の光が私に臨みました。聖書のことばを通し、十字架へ進まれたイエス・キリストの愛、神の愛を知りました。今も闇は私を覆いますが、その中でも私は安心できる場所を見つけることができました。

このメッセージの最初に、私はこのように申し上げました。メリークリスマス！　本当にそう叫ぶことができるのだろうか。そう祝福を叫ぶ、その背後に横たわる、取り扱いきれない世界の闇、私自身の闇を目前にして、なおもそう言いえるのだろうかと。しかし、なおも言いえるのだとすれば、それは私たちの内から発する声からは始まらないように思うのです。

マリアの物語を始め、クリスマス・ストーリーが私たちに教えてくれるのは、「メリークリスマス！」この言葉は神がこの世界に対して、私に対して、まず叫んでいることばだと言うことです。私たちが互いに祝福しあうよりも先に、二千年前から、大きな声で、誰にでも届く声で、あなたに届く声で、神が祝福の声をあげている。クリスマスが光の祝祭と言われるのは、街中がイルミネーションに覆われるからではありません。毎年のことだから祝っているのでもありません。祝う一人ひとりがみな、神の声を聞いたのです。「おめでとう！　あなたの光がここにある！わたしに触れなさい！」と。そうやって、イエスに触れた人々が、闇の中に本当に光が灯されたから祝っているのです。その光に驚き、感動し続けているから、教会は二千年もの間、クリスマスを祝い続けているのです。

「メリークリスマス！」神が私たちに告げておられるのです。闇の中で、それでもクリスマスを喜びなさいと。光は来ているのだから。その光は今なお、決して消えてはいないのだから。神がこの世界に、私に、「メリークリスマス」と叫んでいます。大きな声で、誰にでも届く声で。そしてそれは、あなたに届く声で。

メリークリスマス！

「おめでとう！　あなたの光がここにある。わたしがあなたを照らす光だ。私のもとに来なさい。」

メリークリスマス！

「メリークリスマス！」

「わたしはあなたを抱きしめ、あなたを癒やす。あなたが安らぎ、喜びが満ち足りるように。」

メリークリスマス！

「わたしに不可能なことはない。わたしはあなたを愛している。」

メリークリスマス！……

マリアの賛歌――逆転の歌

吉川直美

マリアは言った。

「私のたましいは主をあがめ、
私の霊は私の救い主である神をたたえます。
この卑《いや》しいはしためにも
目を留めてくださったからです。
ご覧ください。今から後、どの時代の人々も
私を幸いな者と呼ぶでしょう。
力ある方が、
私に大きなことをしてくださったからです。
その御名《みな》は聖《せい》なるもの、
主のあわれみは、代々にわたって
主を恐れる者に及びます。
主はその御腕《みうで》で力強いわざを行い、
心の思いの高ぶる者を追い散らされました。
権力のある者を王位から引き降ろし、
低い者を高く引き上げられました。

飢えた者を良いもので満ち足らせ、
富む者を何も持たせずに追い返されました。
主はあわれみを忘れずに、
そのしもべイスラエルを助けてくださいました。
私たちの父祖《ふそ》たちに語られたとおり、
アブラハムとその子孫に対するあわれみを
いつまでも忘れずに。」

（新約聖書「ルカの福音書」1章46～55節）

クリスマスシーズンは慌ただしく過ぎていきます。教会暦が一般にも浸透している欧米諸国では一月六日の顕現日《けんげんび》（東方博士の到来）までがクリスマスですが、日本ではイブが明けた途端にツリーは撤去され、街中からクリスマスキャロルは消え去ります。教会もクリスマス礼拝が終わるとクリスマス飾りを取り外し、大掃除だ、年末感謝礼拝だと、一年を振り返る余裕もなく社会の暦に巻き込まれていきます。今年こそ静かにじっくりクリスマスを味わいたい、イエス様を心にお迎えしたいと思っていたのにと少し落ち込みつつ——あるいは、今まさに超絶多忙の真っただ中でふと立ち止まって——、この本を手に取られた方もいらっしゃるかもしれません。

でも、主イエスはそんな私たちの小さな心にも来てくださいます。そのあわれみを味わいつつ、やむことのない天の賛美に耳を傾け、主イエスの「安心して行きなさい」との声に押し出されて新しい年を迎えましょう。

マリアとエリサベツの喜び

少しさかのぼると（ルカ1・26～38）、マリアは御使《みつか》いから「聖霊《せいれい》によって男の子を生む」と告げられて、戸惑いと不安を隠せません。マリアは神が選ばれたと言っても、田舎町ナザレのありふれた少女です。「おことばどおりになりますように」と応《こた》えはしたけれど、御使いの言葉をすべて理解し、納得したからではありません。許嫁《いいなずけ》がいるのに、そして男性を知らないのに妊娠するなどありえないことです。「御使いのお告げがあって」「聖霊によって」などと弁明しても誰が信じてくれるでしょう。婚約破棄だけですめばまだよいほうで、許嫁のヨセフが訴え出ればさらし者にされ、石打ちの刑に遭うかもしれません。

御使いはそんなマリアの心中を察して、不妊と言われていた親類のエリサベツも男の子を宿していると告げます。神にとって不可能はないのだと。マリアは身震いしながらも神の可能性に身を委《ゆだ》ね、エリサベツのもとに急ぎます。大切な方を宿すと決まったからには、その人生に歩み出す潔《いさぎよ》い少女でした。

御使いが「あの年で」子どもを宿したと言うからには、エリサベツは親類と言ってもマリアより親ほど、いえもしかしたらそれ以上に年が離れていたのでしょう。中東に限らず古代社会では、子どものできない女性はとても辛い思いを強《し》いられました。御使いは、そのエリサベツが神の力によって子どもを宿していると言うのです。マリアの心は弾みます。エリサベツはどんなに喜んでいることか——でも、誰がこの奇跡を手放しで祝福できたでしょう。マリアのあいさつを受けたエリサベツの爆発するような喜びがそれを物語っています。神は二人を孤独と不安に捨てておかず、喜びを共有し、聖霊のわざを確信する仲間を与えてくださったのです。

まず、年長者エリサベツが声高らかに、しかし、へりくだって年下のマリアを「私の主の母《しゅ》」と呼んで迎え入れると、マリアも高揚してエリサベツに歌い返す——それがこのマリアの賛歌です。

主を大きくする、お大切に思う

エリサベツの住むエンカレム（ぶどうの園の泉）は緑豊かな美しい山間にあり、マリアの訪問を記念して「訪問教会」が建てられています。その庭には日本語を含む四十二か国語で、この賛歌が刻まれたタイルが並んでいます。冒頭の「私のたましいは主をあがめ」という言葉のラテン語読みから「マグニフィカト」「マニフィカト」と呼ばれ、東方教会では朝の祈り、西方教会では夕の祈りとして広く愛されてきました。合唱曲としてはバッハの作品がよく知られています。

では、「マグニフィカト」とはどういうことでしょう。みなさん、「メガ」という単位を聞いたことがあると思います。「巨大」さを表す言葉で、古くはメガポリス、今ならパソコン用語としてメガバイト――ギガやその上のテラとどんどん規模が大きくなっていますが――そのメガの語源がこの「あがめる」と訳されている言葉で、「大きくする」という意味なのです。

「神様はそもそも大きいのでは？」と疑問に思うかもしれませんね。そのとおり、神様は比類なく大きな方なのですが、私たち人間は、自分が大きくなることに躍起になり、神様の大きさをなかなか認めることができません。神を信じていても、その力やわざを小さく見積もってしまいがちです。神の大きさは私たちの想像力を超えていますから、ある意味では当然かもしれません。

しかし、神の大きさや真意をとても理解しきれないとしても、マリアのように「おことばどおりになりますように」と、神のわざを受け入れるとき、自分の内に入りきらないほどの神様が、小さな者の内に幼子として宿るのです。そうして幼子が私たちの内で育ち、大きくなり、自分以上に愛しく大切な存在になっていくことでしょう。

キリシタン時代の宣教師たちは、「愛する」という言葉を「お大切に思う」と訳しました。抽象的な「愛する」よりも、相手を大切な存在として扱うという意味が伝わると考えたからです。

神をあがめるとは、わが子がお腹の中で生き、動くようになっていくにしたがって、幼子への「お大切に思う」心も大きくなっていく。そのようなものだということを、マリアは身をもって私たちに示しています。

小さな者が全身全霊で

さらにマリアは、私の「たましい」は主をあがめ、私の「霊」は神をたたえると歌っています。聖書における「たましい」や「霊」は、精神的なものだけではなく、神に造られた心もからだも含めた人間の全存在です。全身全霊で、自らの全存在をもって、私にとって神はお大切な方、大きい方ですと宣言しているのです。

マリアは祭司の家系でも名門の出でもない、大きな神様から見ればまったく取るに足らない芥《から》子粒《しだね》のような存在です。それなのに主が自分に「目を留めてくださ」り、「力ある方が、私に大きなことをしてくださった」ゆえにマリアは神をあがめます。

私たちも、自分という存在の儚《はかな》さや小ささを思い知るとき、にもかかわらず偉大な神がこのような私に目を留めてくださることに驚きます。古代イスラエルの王ダビデも、王座に着いて、大事な神の箱を運び入れるとき、見栄や権威をかなぐり捨てて、なりふりかまわず賛美を歌い躍り(Ⅱサムエル6章)、「しもべ」ダビデへの分不相応な大いなる恵みに「神、主よ、私は何者でしょうか」と驚嘆と感謝に溢れています(同7章)。

同時に、マリアが自分を「はしため」と言うのは、神との対比だけではありません。主イエスが生まれた時代のイスラエルは、ローマ帝国の支配下にありました。旧約聖書時代のイスラエルが、エジプトの奴隷となって圧政に苦しんでいたように、重い税金のために土地を失い、日々の暮らしにも困窮していました。さらに当時、女性や子どもたちは一人前扱いされず、自分で人生の選択をする自由も術《すべ》もない「卑しいはしため」扱いされていたのです。そのマリアに目を留めてくださった神は、彼女と同じく社会の周縁に追いやられ、犠牲を強いられ、「卑しいはしため」と虐《しいた》げられている人々にも、大きなことをしてくださるに違いないと歌っているのです。それがどの時代に生きる人々であれ、主のあわれみは代々に及ぶと。

神による逆転

さて、「主はその御腕で力強いわざを行い、心の思いの高ぶる者を追い散らされました」で始まる後半部分では、権力のある者と低い者、飢えた者と富む者の立場が逆転すると歌われています。主イエスの誕生によって、驚くべき逆転現象が起こるという、少女の口から出たとは思えないほど迫力のある言葉が並び、まるで革命宣言さながらです。

しかし、主イエスが決して社会的な意味での革命家ではなかったように、ここでマリアが歌っているのは、権力のある者の代わりに低い者が権力を握るとか、「富む者」が財産を失い、代わって「飢えた者」が裕福になるという、単なる「身分や地位の逆転」ではありません。もしも単に、地位が逆転しただけなら、上下が入れ代わっただけで、相変わらず貧しい人は不幸なままで、人は権力を握らなければ幸せにはなれません。

主イエスの誕生とともに起こった逆転は、もっと根本的なこと、価値基準そのものの転換です。つまり、人々がこれさえあればと頼りにしている権力や富、人からの評価、能力などは神の国では価値を失います。そうしたものを握りしめて心高ぶる者は追い返されてしまうのです。ここで歌われているのは幼子イエスがもたらす新しい生き方、すなわち神の国の価値基準です。

よくよく考えて見れば、捻《ねじ》れて逆転してしまっていたのは人間のほうです。神は人を、神を愛し、隣人を自分自身のように愛する者として、つまり神と隣人と共に生きるように創造されました。主イエスは、もともと神がこの世界を創造された時に、人間にこのように生きてほしいと望まれていた姿を取り戻させるために来てくださったのです。自分を高く見せなくとも、人を蹴落《けお》とさなくとも、あなたは見捨てられない、愛されているのだと。

旧約聖書のイザヤ書11章には主イエスの誕生が預言されていますが、そこでは単に、上の者と下の者、強者と弱者の立場が逆転するだけではなく、差別や敵対さえもなくなり、違いを超えて主を知り、共に礼拝する時が始まることが示唆されています。

狼は子羊とともに宿り、
豹《ひょう》は子やぎとともに伏し、
子牛、若獅子、肥えた家畜がともにいて、
小さな子どもがこれを追って行く。
雌牛と熊は草をはみ、
その子たちはともに伏し、
獅子も牛のように藁《わら》を食う。
乳飲み子はコブラの穴の上で戯れ、
乳離れした子は、まむしの巣に手を伸ばす。
わたしの聖なる山のどこにおいても、
これらは害を加えず、滅ぼさない。
主を知ることが、

海をおおう水のように地に満ちるからである。（イザヤ11・6〜9）

これが主イエスによって始められ、主が再び来られた後に完成する神の平和（シャローム）による支配です。さらに言うと、シャロームとは、単に相手との関係が良好で、対立がない状態ではありません。内的にも外的にも、精神的にも肉体的にも、神様との縦の関係も、隣人との横の関係も、自分個人としても共同体としても、すべての領域で何の争いも歪みも恐れもない、完全に祝福された状態であることです。

主イエスはやがてご自身で、この神の平和、神の国の逆転について教えられるようになります。「心の貧しい者は幸いです」（マタイ5・3）から始まる「山上の垂訓《すいくん》」、「自分を高くする者は低くされ、自分を低くする者は高くされ」（マタイ23・12、ルカ14・11、18・14）、「後の者が先になり、先の者が後になり」（マタイ20・16）……。ほかにもありますが、その頂点が十字架です。イエス・キリストは、神を冒瀆《ぼうとく》した廉《かど》で最も重い十字架刑に処せられましたが、それゆえに神の栄光を受け、死を滅ぼしてよみがえられたのです。これほどのパラドックスがあるでしょうか。

自らを低くして、死にまで、
それも十字架の死にまで従われました。
それゆえ神は、この方を高く上げて、
すべての名にまさる名を与えられました。（ピリピ2・8〜9）

低い者、小さくされた者の賛美

またこの逆転の拡がりは、小さい者たちの賛美に託されています。「卑しいはしため」母マリアの賛歌が今や世界各国で歌われているように。だからこそ、神は王の娘でも祭司の娘でもなく、平凡な少女に偉大なそして、愛するわが子を託し、当時の社会通念では女性としての価値がないとみなされるエリサベツが、バプテスマのヨハネの母として、またマリアの支え手として選ばれたのです。

ところが、マリアは五世紀以降、教会によって「無原罪（主イエスと同じようにまったく罪のない）の聖母」、「神の母」として、神聖な存在、高貴な身分へと祭り上げられてしまいました。しかしそれでは、この賛歌の意味合いや喜びが半減してしまいます。神の国は、この世における卑しさや貧しさ、人がまさかと思うような状況を通して示されるからです。旧約聖書でも新約聖書でも一貫して、資格がないと見下されていた者が神の祝福を引き継いでいきます。主イエス誕生に至るまでの家系には、遊女や異国人まで並んでいるではありませんか（マタイ1章）。

ルカの福音書は特にパラドックスに満ちています。神の子イエスは、王宮のふかふかベッドではなく、家畜小屋（今で言うならガレージでしょうか）の餌箱に寝かされました。御使いが神の子の誕生を真っ先に告げ知らせに行ったのは、王や祭司たちの集う王宮でも神殿でもなく、当時、礼拝もできずに蔑《さげす》まれていた羊飼いたちの野宿する荒野でした。彼らは喜びに満ちあふれ、賛美しながらもと来た道を戻っていきましたが、おごり高ぶる王や祭司たちは、赤子のイエスを邪魔に思って幼児虐殺のお触れを出しました。神の子の歩まれる道は、人間が望むような栄光ではなく十字架を担う道です。おごり高ぶる者にとっては、おのれの欲や罪が幅を利かせる世界が滅ぼされ、ともに生きる世界に変えられていくのですから、忌まわしい呪いにしか見えませんが、小さくされた者には十字架の栄光が輝いて見え、賛美が内から湧き起こります。

こうしてマリアの賛歌に、羊飼いの賛美が加わり、イスラエルの救いを待ち望んだ老シメオンも続きます。主イエスが成長すると、障碍《しょうがい》のある者、女性、子ども、取税人、娼婦《しょうふ》といった神の国には入れないと思われていた人々が、主の食卓に招かれ賛美を歌います。輪唱のように歌声が重なり、その声は「大きくなり」、そこに私たちの賛美の声も続きます。

神はあわれみをいつまでも忘れない

それにしても、マリアはどうして、このような主のわざに確信を持てたのでしょう。実は、マリアの賛歌には旧約聖書の複数の箇所がちりばめられています。

特に、サムエル記第一２章1～11節に出てくる「ハンナの祈り」とよく似ています。ハンナはエリサベツと同じように子どもが与えられないために屈辱を受け、激しく心が痛んでいました。そこで、神殿で主に切々と祈り求めると男の子が与えられ、ハンナは願いを叶えてくださった主に感謝して、その子を主のものとして祭司に預ける決意をします。その時に祈ったのが「ハンナの祈り」です。おごり高ぶりを諫《いさ》め、強い者と弱い者、豊かな者と貧しい者、不妊の女と子だくさんの女の逆転を宣言するところがよく似ています。

つまり、主のわざは、すでに神様が歴史において部分的に繰り返し行ってこられたことなのです。マリアは取るに足らないはしためでも、いえ、はしためだからこそ、歴史において神がしてくださったわざに耳を傾け、救いの物語を噛みしめ、主の約束を信じて救いを待ち望んでいました。古老たちの語る神の物語に耳を傾け、「ねえ、またあのお話をして」「ハンナの祈りを聴かせて」とねだるうちに、すっかり自分の歌の一部になってしまったのかもしれません。こうしてイスラエル共同体の過去と現在と未来が、賛美でつながります。

あなたに訪れるあわれみによる支配

そう、このあわれみ深い逆転は、最後にマリアが歌うように、神が、イスラエル民族の祖アブラハムとその子孫に対するあわれみをいつまでも忘れずに、約束を果たしてくださった証《あか》しなのです。

と言っても、私たちにとってイスラエルは遠い世界の民族、アブラハムは信仰の父と呼ばれる偉大な人――正直なところ自分とのつながりを感じられず、あまりピンとこないでしょう。しかし、神がイスラエルの民を神の民として選ばれたのは、彼らに特別な能力や見込みがあったからではありません。信仰の父と言われるアブラハムもその子孫たちも、驚くほど人間的な弱さを抱えて、恐れや欲に突き動かされ、公平に愛することができずに人間関係に悩み、人を差別し差別され、人を陥れては自分も騙《だま》されて悔し涙に泣きくれる――私たちと少しも変わりがありません。そのような、卑しいはしためのようなアブラハムに目を留め、彼と約束を交わしたというだけで、彼とその子孫がどんな体《てい》たらくでも、彼らが約束を忘れて神を小さくしても、ほかの神々を大きくしてしまっても、神は見捨てることもあわれみを忘れることもなかったのです。つまり、すでに彼らが選ばれた時から逆転の歯車は回り始めていたとも言えるでしょう。

そしてこの約束は、いまや主イエスの十字架によって新しい約束として結び直され、アブラハムの子孫やイスラエルだけのものではなく、すべての民族へのあわれみとして注がれています。ですから、クリスマスは過去に存在した偉人の誕生記念日でも、外国発のイベントでもありません。クリスマスの出来事を心に留めるとき、マリアの賛歌を口ずさむとき、あなたの内にこの神のあわれみが宿るのです。

信仰とは、自分の中に小さなイエスを宿して生きていくことです。宿しても、主イエスや信仰のすべてがわかるわけではありません。人生が思うように好転するとは限りません。むしろ、主イエスを宿すことによって、思いがけず辛い思いをするかもしれません。それでも、主イエスが私たちのたましいの奥底に宿ることで、神の逆転が確実に始まります。自分の力では断ち切ることのできない妬《ねた》みや焦燥、自分の存在価値を証明しなければならないという強迫観念や、憎しみや虚しさの奴隷から、一人ひとりを解き放ってくださるでしょう。傷や弱さや屈辱こそが、イエスの十字架と結び合わされ、新しい生き方の源となるでしょう。恐れや苦しみさえも、他者の痛みに寄り添い、ともに生きるための贈り物に変えてくださることでしょう。

賛美は終わらない

マリアは三か月エリサベツのもとで暮らし、ナザレの家に帰って行きました。エリサベツのように理解し合い、共に喜び、賛美できる人のまだいない現実に——。おごり高ぶる者が高くされ、貧しい者がさらに踏みつけられる世界に——。でも、彼女たちにはこの歌があります。幼子イエスと出会った羊飼いたちもそうでした。礼拝できない民として蔑まれる日常に、賛美しながら戻っていったのです。これからは、彼らの現実のただ中に賛美が響き続けるでしょう。

主はこうして、小さな飢えた者を良いもので満ち足らせ、この闇のような世界に光が来たこと、世界が逆転したことを告げ入らせる者としてくださいます。マリアの賛歌は、名もなき者たちの日常に谺《こだま》し、今もなお、天でも地でも響き合い続けているのです。

フランスから世界に拡がったテゼ共同体では、このマグニフィカトを四部輪唱で、聖霊が導かれるままに繰り返し歌い続けます。自分の声と他の人の声が響き合い、融《と》け合《あ》って、歌がやんでもたましいが歌い続けるかのようです。マリアの賛歌はこれからも、小さくされた者たちの賛美が、世界を変えていくことを思い出させてくれるでしょう。

あなたにとって、心を占めているもの、大きなものはなんでしょう。イエスさまが「マグニフィカト」されているでしょうか。ほんの小さなスペースを空けて、主イエスをお迎えするなら、あなたの中で主イエスが大きくなり、あなたの渇きも恐れも孤独も、主のあわれみが覆ってくださるでしょう。そしてきっと、エリサベツのような仲間を与えてくださいます。

クリスマスは、「私に信仰なんてありえない」「私の人生に価値も祝福もない」と思う人こそが招かれていることを思い出す季節です。あなたもまた、マリアの賛歌に、小さな者たちの賛美に招かれています。

あなたのための〝居場所〟

富浦　信幸

ところが、彼らがそこにいる間に、マリアは月が満ちて、男子の初子《ういご》を産んだ。そして、その子を布にくるんで飼葉桶《かいばおけ》に寝かせた。宿屋には彼らのいる場所がなかったからである。

（新約聖書「ルカの福音書」2章6〜7節）

はじめに

メリークリスマス！

数年前、ネットニュースにこんな記事が載っていました。ヨーロッパのオーストリアでクリスマスに起きた、ある出来事です。ラジオ局のＤＪを担当していた当時二十七歳の青年が、担当したラジオ番組で突然、ある行動に出ます。彼は、スタジオを封鎖し、世界的ヒット曲となったワム（イギリスのバンド）の「ラストクリスマス」を二時間かけて、二十四回連続で放送したのです。当然のごとく、リスナーから苦情の電話が殺到します。彼は、それ以上続けるつもりでいましたが、四歳の娘から「パパ、みんなが変になっちゃうからやめて」と電話があり、二十四回で止めたそうです。どうして彼はそのような行動に出たのでしょうか。理由はこうです。「町のみんながクリスマスの雰囲気に浸っていないので、それを〝治療〟するためにやった」と。最後は、ラジオ局から罰として、クリスマスイブと大みそかの勤務を命じられ、本人が一番クリスマスの雰囲気を味わえる時にそれが叶わなかったというオチがつきました。

今年もクリスマスがやってきます。

皆さんは今年のクリスマスを、どんな雰囲気で迎えようと考えておられますか？

もちろん、クリスマスは雰囲気が大事です。私の教会でも「クリスマスキャンドルナイト」と題して、教会をキャンドルの灯だけの幻想的な雰囲気にして、会を催してきました。「ラストクリスマス」は流しませんでしたが（笑）。

雰囲気も大事ですが、もっと大事なことがクリスマスにはあります。それは、クリスマスの〝本当の意味〟を知るということです。私はこの本を通して、皆さんにクリスマスの〝本当の意味〟を伝えたいのです。そして、クリスマスという日が雰囲気とともに、皆さんにとって〝本当の意味〟を味わう日となることを心から願っています。

イエス・キリストの誕生

ご存じの方も多いと思いますが、クリスマスはイエス・キリストの誕生をお祝いする日です。

ではまず、その誕生の様子を見ていきたいと思います。

イエス・キリストが生まれたのはベツレヘムという町。当時、住民登録をするように、との勅《ちょく》令《れい》が出され、ヨセフと妻マリアも登録するために、自分の町であるベツレヘムに上って行きました。すでも妻マリアは身重になっていました。ベツレヘム滞在の間に、月が満ち、処女であったマリアが聖霊によって宿した男の子が生まれました。

聖書によると、生まれた場所は家畜小屋の中。どうしてそのような場所で生まれたのでしょうか。聖書にはこう書いてあります。「宿屋には彼らのいる場所がなかったからである」と。

住民登録はすべての人に発布された勅令だったので、ベツレヘムの町は人でごった返していました。多くの人は地方から来た人たちで、泊まる宿が必要でした。ヨセフも妻マリアが身重であったので、何とか宿屋を見つけようと必死に探しました。しかしどの宿屋も満室で、断られます。ようやく見つかったのが家畜小屋でした。その理由を聖書は、宿屋には彼らのいる場所がなかったから、と説明します。

実は、このことには深い意味がありました。単に大勢の帰省客のため、どの宿屋も満室だったということではなかったのです。イエス・キリストが産まれるための〝場所がなかった〟のです。そのことを、もう少し一緒に考えてみたいと思います。

居場所とは……

「子どもの居場所づくり」という言葉を耳にしたことがあるでしょうか。昨今、全国の自治体で力を入れて取り組まれている事業の一つです。中でも有名なのが、子ども食堂です。

ある県のホームページに、子どもの居場所づくりの定義を次のように掲載してありました。

子どもの居場所とは、子どもが一人でも安心して過ごし、無料または低額で利用できる地域の居場所です。

どの自治体も創意工夫を凝らして、このような取り組みを進めています。すばらしいことだと思います。しかし見方を変えるなら、それほどまでに居場所を必要としている子どもたちが多くいるという現実ではないでしょうか。それは子どもたちに限ったことではないと思います。若者や大人たち、高齢者の方々、多くの人が自分が安心して過ごせる〝居場所〟というものを探し求めているのではないでしょうか。

〝居場所〟とは何でしょう。それは、単に物理的な場所ということではありません。自分がそのままで安心して居られる場所、さらに言うなれば、自分の存在意義が認められる場所ということではないでしょうか。〝居場所〟をそのように考えると、何か人間の生きる意味というか、私はどう生きるのか、という根源的な問いに向き合わされるような気がしてなりません。

私は今、牧師をしています。その前は小学校で教師をしていました。五年生の理科を教えていた時のことです。五年生の理科に「ヒトの誕生」という単元があります。ヒトの受精から誕生までの過程を学習するという内容です。私は、子どもたちにいのちの大切さや一人ひとりがかけがえのない存在であるということを伝えたかったので、この単元に特別力を入れて取り組みました。最後に子どもたちに感想を書いてもらいました。その中で、ある一人の男の子がこのような感想を書いていました。

「僕はある時ふと、考えることがあります。自分はどこから来たのか、死んだらどこに行くのか。そんなことを考えることがあります。」

私は五年生でもこんなことを考えるのかと少し驚きました。そして、本人の承諾を得、名前は伏せてクラスで聞いてみました。このような感想を書いてくれた人がいますが、同じようなことを考えたことがある人は手を挙げてください、と。当時、約三十人のクラスを三クラス受け持っていましたが、どのクラスでもほとんどの子が手を挙げました。

私はその時、もう一つ子どもたちに聞きました。「その答えを持っている人はいますか。」

一斉に手が下がりました。このように考えることはあっても、その答えをはっきりを言える子は誰もいませんでした。

私の娘が幼稚園に通っていた時のことです。娘と同じ幼稚園の友達を預かっていました。その子のおじいちゃんが亡くなって、葬儀の準備などで忙しいので、その間、我が家で預かっていたのです。その子のお母さんが迎えにきました。その子も玄関まで走って行き、そしてお母さんにこう聞きました。「ママ、おじいちゃん、死んでどこに行ったの？」あまりにも唐突な質問で、私たちの手前もあり、少し困ったような顔でそのお母さんはこう答えました。

「○○ちゃん、おじいちゃんはね、お星さまになったのよ。」

その子は「ふーん」と納得したような顔で帰って行きました。よくある答えです。しかし皆さん、考えてみてください。その子が成長し、あの五年生の男の子のように、ふと自分は死んだらどこに行くのかと考えたとします。死んだら自分は星になる、と本当にそう信じるでしょうか。学校で星はガスの塊だと習いますもんね。じゃあ、どうなるのか、どこに行くのか。あの子は今、大学生ぐらいになっています。もしかすると、今も答えが分からないままでいるんじゃないかと考えるわけです。

自分はどこから来て、死んだらどこに行くのか。

これは、私たち人間が持つ、根源的な問いではないかと思うのです。そして、この問いこそが私たちが本当の意味での居場所を探しているということではないかと思うのです。

〝場所がなかった〟ところからスタート

イエス・キリストが生まれたのは家畜小屋でした。理由は、宿屋には彼らのいる場所がなかったから、です。それには、深い意味があると言いました。イエス・キリストが生まれる時に場所がなかった。それは、場所を見失った人々のために自ら場所のないところから、その生涯をスタートする必要があったということです。

私たちは生まれながらにして罪人です。聖書に出てくる罪という言葉には、〝的外れ〟という意味の原語が使われています。私たちは罪というと、犯罪というイメージが湧きます。何か悪いことをすること、もちろんそれも罪です。しかし、聖書は罪を〝的外れ〟と表現します。的とは、天地万物を創造された神様のことです。私たち人間を創造された神様のことです。この神様から〝外れて〟生きること、それが罪の正体、本質だと聖書は教えます。その結果、悪いことをしてしまったり、人を憎んだり、傷つけたり、愛せなかったりするわけです。私たち人間はそのような罪人です。私たち人間が本来居るべき神様という〝居場所〟を見失って生きている、それが罪人という本当の意味なのです。

イエス・キリストはこの〝居場所〟から外れて生きる私たち罪人を救うために、自ら場所のないところから人生をスタートされたのです。

場所を用意するために

聖書のある箇所にこのように書いています。
「わたしが行って、あなたがたに場所を用意したら、また来て、あなたがたをわたしのもとに迎えます。わたしがいるところに、あなたがたもいるようにするためです。」（ヨハネ14・3）
イエス・キリストの言われた言葉です。わたし（イエス・キリスト）があなたがたのために場所を用意すると言われました。その場所とは、〝わたしがいるところ〟だと。そうです。イエス・キリスト、この方こそが〝場所〟なのです。そして最後に言われました。〝あなたがたもいるようにするためです〟と。
イエス・キリストが誕生した時、天使が羊飼いたちに現れてこう告げました。

「今日ダビデの町で、あなたがたのために救い主がお生まれになりました。この方こそ主キリストです。」(ルカ2・11)

誕生した赤ちゃんが誰なのか、はっきりと告げられます。〝この方こそ主キリストです〟と。イエス・キリストは救い主としてお生まれになりました。それは私たちに本当の〝居場所〟を用意するためでした。

そのために、どうしても解決しなければならない問題があります。罪の問題です。先ほどもお話ししたように、罪とは神様という〝的〟から外れて生きることです。イエス・キリストは罪なきお方です。私たちがこの〝的〟であり〝場所〟に帰るには、どうしても罪の問題を解決しなければなりません。イエス・キリストはこの問題を解決するために、私たちの罪の身代わりとなって死なれました。

私たちが帰るべき本当の〝場所〟を用意するために、イエス・キリストが自らその命をささげられました。それが十字架です。

イエス・キリストとの出会い

人生は出会いで決まる、とよく耳にします。皆さんは、これまでに人生が決まるほどの出会いを経験されたことはあるでしょうか。ここで少し私の経験をお話しします。

私は中学一年生の時に、幼馴染《おさななじみ》の親友を亡くすという経験をしました。彼は、家が近所で同じサッカーチームの仲間でもありました。小学校六年生のある時期から、足首が痛いと言い出しました。捻挫《ねんざ》が癖になっているんじゃないかと言って、あまり気にしていませんでしたが、中学校に入学して間もなく彼は入院することになりました。夏が過ぎ、秋が過ぎても彼は退院することができず、冬になり年が明けた二月のある日、彼は静かに息を引き取りました。原因は骨肉腫。骨に発生するガンで、若いために進行が早く、転移を食い止めることができなかったようです。

中学一年生の私にはあまりにもショックの大きい出来事でした。同時に、二つの疑問が私の中でぐるぐると回っていました。一つは、彼が死んでどこに行ったのか、ということ。もう一つは、あの感想文を書いた五年生の男の子のように、自分は死んだらどこに行くのかということでした。死に対する漠然とした恐怖というものが、中学一年生の私にいつも付きまとうようになりました。

中学三年生の夏のことです。長野県の松原湖という場所で行われた教会のキャンプに参加しました。キャンプ最後の夜、キャンプファイヤーの時でした。牧師が語られた聖書の話を通して、自分がどれほど罪深い人間であるかということがはっきりと示されました。その時です。イエス・キリストがこの私のどうしようもない罪の身代わりに、十字架にかかり死んでくれたということが分かったのです。そして死んで終わりではなく、三日目によみがえり、罪に対して完全に勝利されたこと。このイエス・キリストの十字架を信じるなら、私の罪もすべて赦《ゆる》されるということがはっきりと分かったのです。涙があふれて止まりませんでした。これまで経験したことのない喜びが内側からあふれてきたことを今でも忘れることができません。

イエス・キリストとの出会いで、私の人生は決まりました。この方こそ私の救い主だと信じて以来、あの根源的な問いに対する答えをはっきり持って生きるようになったからです。

イエス・キリストの十字架によって私の罪が赦されたので、本当の〝居場所〟へ帰ることができました。どこから来て、どこに行くのか、もう迷うことはありません。

私はこのことを、今この本を手に取っているあなたに伝えたいのです。

イエス・キリストはあなたの救い主です。あなたを罪から救うために十字架で身代わりに死んでくださったお方です。この方を信じるなら、あなたももう迷うことはありません。

あなたのためにもこの〝居場所〟が用意されています。イエス・キリストは、あなたが安心して居ることができる本当の〝居場所〟であり、あなたの人生を確かに導くお方です。

十字架は愛と赦しの〝場所〟

最後にもう一つ大事な〝場所〟について、お話ししたいと思います。それは〝十字架〟という場所についてです。聖書のことばです。

神は、実に、そのひとり子をお与えになったほどに世を愛された。それは御子を信じる者

が、一人として滅びることなく、永遠のいのちを持つためである。（ヨハネ３・16）

先ほどもお話ししたように、イエス・キリストは私たちの罪の身代わりとして十字架にかかり、そのいのちをささげてくださった。このことばにもあるように、私たちが一人として滅びることなく、永遠のいのちを持つことができるように、神はひとり子なるイエス・キリストを十字架につけられました。それは、世（私たち）を愛しているからだと書いています。

十字架は愛のしるしなのです。

皆さん、愛の対義語は何だと思いますか。対義語辞典によると、それは〝憎しみ〟とあります。コインにたとえると、表が〝愛〟とするなら、裏は〝憎しみ〟となります。

私たちはあらゆる人間関係に中で生きています。そして人間関係にはいつも問題が付きものです。それはまるでコインの表裏のようです。愛していると言いながら、何か自分に対して不都合なことが起こると簡単に憎しみへと変わってしまう。まるでコインがひっくり返るように。そしてまた何かいいことがあると、すぐ表にひっくり返る。相手の態度や言葉によって私の内にあるコインはコロコロとひっくり返る。私たちは人間関係の中で、そのようなことを常に繰り返してはいないでしょうか。

十字架は愛のしるしだと言いました。それをコインの表だとします。では裏にはなんと書いてあるのか。そこには〝憎しみ〟ではなく〝赦し〟と書いてあるのです。十字架は、愛と赦しの場所です。なぜならイエス・キリストがその愛ゆえにいのちを十字架にささげ、私たちの罪を赦してくださったからです。

憎しみというのは、相手を傷つける以上に、結局自分を不自由にし、自分を苦しめます。また、私たちは相手を責める以上に、自分自身を責めて生きていないでしょうか。自分を赦せず、自分を自分の声で傷つけていることはないでしょうか。

赦しは、私を自由にします。赦しは、私の人生に大きな力となります。

もちろん赦すことは簡単なことではありません。自分の力では到底できないことがあります。しかし、イエス・キリストの十字架を信じて生きるなら、それが可能になります。たとえコインがひっくり返るようなことがあっても、〝赦す〟ことができたなら、私たちはどれほど自由に生きることができるでしょうか。

十字架はあなたの人生を愛と赦しに導きます。本当です。そしてこの〝場所〟はあなたにも用意されていることをぜひ信じてください。

＊

今年もクリスマスがやってきます。今この本を手に取っているあなたに、本当のクリスマスの意味を味わってほしいと願います。クリスマスは、イエス・キリストがあなたの救い主としてお生まれになった日です。イエス・キリストあなたに本当の居場所を用意するために、場所のないところから始められました。私たちの罪の身代わりとして十字架にかかり、死んで葬られ、三日目によみがえり、今も生きておられるイエス・キリスト。

この方こそ、あなたの本当の居場所であり、あなたを愛と赦しの人生に導くお方です。

皆様の上に神様の祝福が豊かにありますように。

メリークリスマス！

主はともにおられる

川口 竜太郎

ところが、彼らがそこにいる間に、マリアは月が満ちて、男子の初子《ういご》を産んだ。そして、その子を布にくるんで飼葉桶《かいばおけ》に寝かせた。宿屋には彼らのいる場所がなかったからである。

さて、その地方で、羊飼いたちが野宿をしながら、羊の群れの夜番をしていた。すると、主《しゅ》の使いが彼らのところに来て、主の栄光が周りを照らしたので、彼らは非常に恐れた。御《み》使《つか》いは彼らに言った。「恐れることはありません。見なさい。私は、この民全体に与えられる、大きな喜びを告げ知らせます。今日ダビデの町で、あなたがたのために救い主がお生まれになりました。この方こそ主キリストです。あなたがたは、布にくるまって飼葉桶に寝ているみどりごを見つけます。それが、あなたがたのためのしるしです。」すると突然、その御使いと一緒におびただしい数の天の軍勢が現れて、神を賛美した。

「いと高き所で、栄光が神にあるように。

地の上で、平和が
みこころにかなう人々にあるように。」


（新約聖書「ルカの福音書」２章６〜14節）

救いの道を与えに、神が人となられた。それがクリスマスです。神さまのほうから、私たちのところへ来てくださいました。

a　神の愛のプレゼント

クリスマスの期間は、世の中でクリスマスプレゼントを贈りあったり、ワクワクしたり、浮き足立ったり、不自然にカップルが誕生したりします。

中には、独りでいることに焦りを覚える人や、お祝いのさなか孤独を覚える人さえいるのです。しかし、そのような〝心配は、特にこの日においてはいらない〟のです。なぜなら、プレゼントを準備する必要が、私たちにはないからです。

神の愛が目に見える形で私たちに送られました。ですから、クリスマスの本当のプレゼントは神ご自身なのです。神ご自身という途方もないプレゼントが私たちに贈られました。それがイエス・キリストです。

イエス・キリストの生涯を見る時、弱い者を励まし、病人に触れ、病気を癒《い》やし、孤独な人や社会から見捨てられた人々に近づかれました。

神が人となられたのは、孤独な人、罪の重荷を背負っている人、不安や悩みの中にいるすべての人々のところに来るためでした。つまり、神との親しい関係が人類に、そして、あなたに与えられました。

キリストは、神の御姿《みすがた》であられるのに、
神としてのあり方を捨てられないとは考えず、
ご自分を空《むな》しくして、しもべの姿をとり、
人間と同じようになられました。（ピリピ２・６〜７）

b　人という制限

神が人となられるとは大きな決断です。天地を創造された方が、赤ん坊として生まれるのです。赤ちゃんは、人の手によって育てられます。

神が人となって生まれたのですから、人間の世話なしには生きられない立場に、神自ら選んで身を置かれたことがわかります。

２神は完全に聖いお方です。その方がこの世に来られました。

あなたはどう想像されるでしょうか。

私たちの人間社会は、良い部分もありますが、悪い部分もあります。まるで、光と闇が混在しているような社会です。誹謗中傷《ひぼうちゅうしょう》は当たり前で、人を傷つけても身元がバレなければと、平気で悪事も働きます。

それだけではなく、他人と比較し落ち込み、コンプレックスを抱き、嫉妬する。時には、人を見返そうとして復讐心に駆られることもあります。

その人間社会に、神が身を置かれることは大変なことだったでしょう。もし、あなたがゴキブリを救うために、ゴキブリには人間の言葉がわからないので、ゴキブリにならなければならなかったらどうでしょうか。

それだけではありません。神と人の価値観が違うように、ゴキブリと人間の価値観も違うのです。

ゴキブリは目先の餌がすべてで、自らが生存するためなら、汚いことでも平気で行い、不衛生な場所に留まり続けることを何とも思いません。清潔さを好むあなたであれば、耐えられないことでしょう。

c　歴史を通して

イエス・キリストは約二千年前に生まれました。しかし、たまたまその時代に生まれたのではありません。お伝えしたいことは、新興宗教の教祖のような宗教家ではないということです。

誕生の前から、聖書ではあらかじめイエス・キリストが誕生することを預言していました（メシア預言――イザヤ53・4～6［誕生の七百年前］、イザヤ7・14、9・6、ゼカリヤ9・9など……）。

また、公にご自身を現された時にこう言われています。

「時が満ち、神の国が近づいた。悔い改めて福音を信じなさい。」（マルコ1・15）

つまり、ローマ帝国のインフラが整った時期、ギリシア語が共通語の地域に、〝時が満ちて〟お生まれになったのです。その理由は、人類の救い・福音が、多くの人に届けられるためであったことでしょう。

ですから、神さまが人に救いを与える計画は、天地を創造された直後にアダムとエバが罪を犯し、神さまから離れた時から始まっていたのです。

d　生まれ

実は、イエス・キリストの誕生日は十二月二十五日ではありません。イスラエルで行われる、仮庵《かりいお》の祭りの時期に生まれたと言われていますので、十月頃でしょう。

この仮庵の祭りは、旧約聖書のレビ記23章34～44節に記されています。

「年に七日間、主の祭りとしてこれを祝う。これはあなたがたが代々《よよ》守るべき永遠の掟《おきて》であり、第七の月に祝わなければならない。あなたがたは七日間、仮庵に住まなければならない。イスラエルで生まれた者はみな仮庵に住まなければならない。これは、あなたがたの後の世代が、わたしがエジプトの地からイスラエルの子らを導き出したとき、彼らを仮庵に住まわせたことを知るためである。わたしはあなたがたの神、主《しゅ》である。」(レビ23・41～43)

仮庵の祭りは、仮に住まうという祭りです。旧約聖書を見ると、イスラエル人がエジプトを脱出した後、四十年もの間、荒野でテント暮らしをしていたことを記念する祭りです。この期間、着物は擦《す》り切《き》れず、食べ物はなくなりませんでした。

神の民が不信仰の罪を犯したのにもかかわらず、神さまは民のために四十年間マナという食べ物を天から降らせ、彼らを荒野で養い続けたのです。

たとえるなら、人は肉体という〝仮庵〟にひととき住むだけの存在で、神の恵みとあわれみがなければ生きてはいけないことを、一週間を通して覚える祭りです。

この仮庵の祭りの時期に、イエス・キリストが地上に来られたことは、タイミングにおいても偶然ではありません。

また、イエス・キリストは、ヨハネの福音書6章35節で、「わたしがいのちのパンです。わたしのもとに来る者は決して飢えることがなく、わたしを信じる者はどんなときにも、決して渇くことがありません」と語られています。

私たちは、日々糧《かて》を必要としています。しかし、それだけでは生きてはいけません。食事をしていれば、生命活動は続くかもしれません。しかし、それだけでは本当に生きているとは言えないのです。

喜びがあふれ、確信に満ちて人生を生きることは、神さまからの励まし、真理の言葉が必要なのです。

人とはどのような存在なのか？　一人ひとりに与えられている個性が輝く生き方はどこにあるのか？　など、神さまと人とが共に歩まなければ、見つけられない答えがたくさんあります。

e　家畜小屋で誕生

王であるならば王宮で生まれ、高級なベッドの上に寝かされることでしょう。しかし、イエス・キリストが生まれた場所は、ダビデの町の家畜小屋です。そして、寝かされた場所は飼葉桶でした。

神であれば、生まれる場所も自由自在に選べたはずですが、神はあえて家畜小屋をお選びになったのです。なぜ、こんなところで生まれたのでしょうか。

なぜなら家畜小屋は、すべての人が訪れ、イエス・キリストの誕生を祝うことのできる場所だからです。実際に〝当時、社会の底辺と言われていた羊飼い〟が、主イエスの誕生を最初にお祝いに来ました。

このことから、神さまは羊飼いである彼らを愛していることがわかります。たとえ、社会が彼らを見下し見放したとしても、神さまは見捨てることがありません。神さまの目には、すべての人が尊く、身分や能力の違いで扱いが変わることはありません。むしろ、弱っている人、病を患っている人たちとともにいてくださるのです。

たとえあなたが、過去に過ちを犯し、後悔していて、自分のことを嫌い、受け入れられなくても、神さまの目には、あなたは宝物なのです。

もし、あなたが今、神さまに出会いたいと思うなら、神さまは喜んであなたのところに来られて、ともに生きてくださいます。

3聖書のみことばに「わたしの目には、あなたは高価で尊《たっと》い」（イザヤ43・4）とあります。

神さまはあなたのことを、名誉に、誇らしく思っています。

この言葉を聞いて、あなたはどう思いますか。

神さまの大きな愛を理解することは、難しいかもしれません。なぜなら私たちは、神さまが持っているような完璧な愛を見たことがないからです。

生まれたばかりの赤ちゃんは、何をやってもかわいがられるでしょう。たとえば、赤ちゃんが泣けば、周りの人はすぐに駆けつけて、面倒を見てくれます。

そして、寝返りを打ったら褒《ほ》められ、立つことができたら大喜びされるのです。

つまり、愛される理由は、その人に能力があるから、また何かに貢献しているからではありません。そこに存在しているということが、喜びなのです。

ですから、私たちはおそらく、幼少期には無条件の愛に近いものを受けていたのです。

しかし、年齢を重ね成長すると、どうでしょうか。親から期待され、他者と比較されます。そして、これくらいはできて当たり前と言わんばかりの条件がつくのです。この世の価値観で評価され、もはやありのままの姿を受け入れてもらえません。

いつの間にか人は、それに応えようとして、時には落ち込み、焦り、他者を裁き、争うことさえするのです。

f　すべての人に変わらず愛は注がれている

神さまは、あなたの能力や、成し遂げてきたことを見て、〝あなたは高価で尊い〟と言われているのではありません。

人には、さまざまなキャラクターがあり、勉強が得意な人もいれば、スポーツが得意な人もいます。

あなたの周りには、さまざまな評価であなたのことを値踏みしてくる人たちがいるかもしれません。また、あなた自身も、自分には高価で尊い宝物のような価値を、感じられないかもしれません。

しかし、人間の価値を決めるのは、人ではなく、人を創造した神さまです。ですから、真理のことば（聖書）を受け取ってください。

4　贈り物

g　埋葬の準備である没薬《もつやく》

イエスが誕生された時、博士たちがやって来ます。そして、黄金、乳香《にゅうこう》、没薬《もつやく》をイエスに贈りました。どの贈り物も、王にこそふさわしい高価な贈り物です。

黄金は高価なもの、産後に幼子の必要なものを買うことができるでしょう。また、乳香は良い香りがする樹脂（焚《た》くと神にささげる香りになる）で、免疫力を上げ、気管にも良く、消毒効果などの作用があったようです。

それと、没薬がありました。しかし、生まれたての赤ちゃんに没薬を贈ることは不思議なことです。なぜなら、没薬には、死体に塗る防腐剤としての効果があったからです。

つまり、生まれたての赤ちゃんに、死体を埋葬するために必要なものを贈ったのです。日本風に言うならば、赤ちゃんに線香をあげるようなもので、少し……いや、だいぶ場違いのような気がします……。

しかし、この贈り物は間違いではありませんでした。これはイエスが十字架で死ぬことを示唆するものなのです。生まれながらにして、死ぬことを予告された贈り物と言えるでしょう。

贈り物の没薬の意味は、イエス・キリストの誕生が人々に救いと喜びを与え、同時に、一人のみどりごが十字架につき、私たちの罪の身代わりとなられ死なれるという象徴です。

人は、生きる希望を持って生まれてくるものですが、人々の罪を背負い、贖いの代価（人の罪の犠牲）となるために生まれてきたのは、イエス・キリストだけなのです。

h　十字架 ―― 神との和解

私たちのために、イエス・キリストは、十字架で罪から来る苦しみを受けられました。鞭《むち》で打たれ、いばらの冠を被《かぶ》せられ、十字架につけられたのです。

キリストが死なれた時、不思議なことが起こりました。

するとと見よ、神殿の幕が上から下まで真っ二つに裂けた。（マタイ27・51）

イエス・キリストの十字架は、私たちの罪と咎《とが》を聖《きよ》め、隔《へだ》ての壁である罪を打ち砕きました。

この出来事の意味は、神と人との隔ての壁である、罪の問題を解決されたしるしです。イエス・キリストの十字架の犠牲と赦《ゆる》しが、私たちに神との親密な関係を与えてくださったのです。聖書の他の箇所には、イエス・キリストを信じる者は「死んでも生きる」とあります（ヨハネ11・25）。

クリスマスのしるしは、神が地に降り、人となり、私たちと共に生きてくださった喜びなのです。この喜びは、パーティーのようなものではありません。大切なことはクリスマスの時にこそ、イエス・キリストの十字架を覚え、あなたの罪のために死なれた、ひとりのみどりごを覚えることです。

クリスチャンは、罪を悔い改めるという言葉をよく言います。その意味は、神さまとの和解を現し、神さまとともに生きることを選ぶ生活をすることです。そして、神さま以外のものを求める生活と決別します。

そうするなら、目には見えない神さまの存在が、より近く感じることでしょう。なぜなら、天と地とを創《つく》られた神は、ご自身のいのちを捨てるほどにあなたを愛し、慕い求めているからです。

5　十字架の愛を受けてどう歩むのか

今、あなたが求めているものは何ですか。円滑な人間関係、経済の必要、目覚ましい成功、いろいろあるかもしれません。

しかし、たとえすべての望みが叶ったとしても、神さまの存在を無視してしまうなら、すぐに廃《すた》れて色褪《いろあ》せていくでしょう。

そして、それは本当の幸せにはつながらないのです。

あなたは何に希望を置いていますか。何のために生き、なぜ苦しみ、葛藤するのでしょうか。

i　主とともにすべてを超える

神を信じる歩みは、楽ちんですべてが楽しいわけではありません。

しかし、困難の中においても、喜びの中においても、神さまがともにいる喜びが与えられます。

そして、祈りと聖書のことばを通して、神とともにすべてのことを乗り超えていくのです。

あなたは、あなたのために死なれたキリストとともに生きたくはありませんか。

苦しい時、試練の時に、主に頼る。そうするなら、目には見えない神ですが、目に見える以上の確かさを持って、あなたを導き、祝福してくださいます。

このクリスマスの時期に、十字架にかかるために生まれたイエス・キリストを想い、神とともに生きる決心をしてください。お祈りしています。

ここに大きな喜びがある！

岸本　大樹

イエスがヘロデ王の時代に、ユダヤのベツレヘムでお生まれになったとき、見よ、東の方から博士たちがエルサレムにやって来て、こう言った。「ユダヤ人の王としてお生まれになった方は、どこにおられますか。私たちはその方の星が昇るのを見たので、礼拝するために来ました。」これを聞いてヘロデ王は動揺した。エルサレム中の人々も王と同じであった。王は民の祭司長《さいしちょう》たち、律法学者《りっぽうがくしゃ》たちをみな集め、キリストはどこで生まれるのかと問いただした。彼らは王に言った。「ユダヤのベツレヘムです。預言者《よげんしゃ》によってこう書かれています。

『ユダの地、ベツレヘムよ、
あなたはユダを治める者たちの中で
決して一番小さくはない。
あなたから治める者が出て、
わたしの民イスラエルを牧するからである。』」

そこでヘロデは博士たちをひそかに呼んで、彼らから、星が現れた時期について詳しく聞いた。そして、「行って幼子について詳しく調べ、見つけたら知らせてもらいたい。私も行って拝むから」と言って、彼らをベツレヘムに送り出した。博士たちは、王の言ったことを聞いて出て行った。すると見よ。かつて昇るのを見たあの星が、彼らの先に立って進み、ついに幼子のいるところまで来て、その上にとどまった。その星を見て、彼らはこの上もなく喜んだ。それから家に入り、母マリアとともにいる幼子を見、ひれ伏して礼拝した。そして宝の箱を開けて、黄金、乳香《にゅうこう》、没薬《もつやく》を贈り物として献《ささ》げた。彼らは夢で、ヘロデのところへ戻らないようにと警告されたので、別の道から自分の国に帰って行った。

（新約聖書「マタイの福音書」2章1〜12節）

1　大きな喜びの物語

牧師になって、駆け出しの頃です。発足して間もない青年会のクリスマス会のプログラムを考えていたとき、プレゼント交換をしようと話が盛り上がったのですが、その場に加わっていた宣教師が「プレゼント交換は止《や》めてほしい」と言い出しました。その理由を尋ねると、「クリスマスを迎えるけれども、個人の事情や家庭の問題などで、クリスマスを喜ぶことができない人たちもいる。クリスマスだからといって、私たちが騒ぐのは止めましょう。静かにイエス様がお生まれになったことをお祝いするべきです」ということでした。これに対していくつも意見が飛び交ったのですが、結局、プレゼント交換を止めました。このことは私にとって「クリスマスの喜びとは何か？」ということを考える上で忘れられない出来事となりました。

確かにクリスマスを喜べない方々はいらっしゃいます。牧師として働く中で、「十二月に妻を亡くしたこともあり、クリスマスは喜べません」とおっしゃる方にお会いしたことがありますし、「私は孤独な人間です。親しい友人もいません。だからクリスマスは大嫌いです」と面と向かって言われたこともあります。

しかし、クリスマスの物語は喜びの物語です。しかも、大きな喜びの物語です。

マタイの福音書2章を開きましたが、そこに東方からやって来たという博士たちの大きな喜びが記されています。彼らはイエス・キリストを探し求める中で「この上もなく喜んだ」とありますが、それを直訳すると、「甚《はなは》だしく大きな喜びを喜んだ」という、とてもちぐはぐな表現になります。それは単純に「喜んだ」とは言い表すことのできない、とてつもなく大きな喜びだったということです。

クリスマスの物語が伝えている大きな喜びとは、薄っぺらい、上《うわ》っ面《つら》のものではありません。街中に飾られているクリスマス・ツリーやイルミネーションを見て感じる喜びとはまったく異なります。クリスマスの物語が伝えている喜びは、私たちの存在を揺り動かし、私たちの寂しさや悲しみを吹き飛ばすような喜びです。

もちろん、聖書は私たちの現実を無視することはありません。マタイの福音書2章には博士たちの喜びが記されているものの、その前後は暗い記述ばかりです。博士たちがエルサレムにやって来て、「ユダヤ人の王としてお生まれになった方は、どこにおられますか」と尋ねたとき、ヘロデ王は動揺したとマタイは報告しています。ここでの「動揺した」とは、「うろたえ、不安を抱いた」という意味です。この後、ヘロデ王は、自分の地位が脅かされるかもしれないという、激しい嫉妬心と不安から、イエス・キリストを抹殺しようと、ベツレヘム周辺の二歳以下の男の子を皆殺しにしてしまいます。「エルサレム中の人々も王と同じであった」とありますが、エルサレム中の人々は、身分や立場は異なってもヘロデと同様で、自分のことばかり考えていた、ということです。イエス・キリストに関心を持つどころか、誰もが自分のことに必死だというのです。時代は異なっても、明るいこと、楽しいことばかりではなく、暗く重たいものが私たちを覆っているという現実が、ここには記されているのです。

けれどもマタイは、そういう中にあって、イエス・キリストに出会った博士たちの大きな喜びを私たちに伝えています。暗く辛い出来事ばかりかもしれないが、ここに本当の喜びがある。とてつもなく大きな喜びがある。私たちを大きな喜びで満たすため、イエス・キリストはこの世に生まれてくださった。そのことをあなたにも知ってほしい。そのような意味でマタイは、クリスマスの物語、つまりイエス・キリストのご降誕の出来事を私たちに語っているのです。

この本を手にしておられるのは、教会に長く通い、聖書に親しんでおられる方だけではなく、聖書や教会とは無関係の方もいらっしゃると思います。神を疑い、信じられない方も、キリスト教というものに反発を持っておられる方もいらっしゃるかもしれません。けれども、誰であれ、今はマタイが語っているクリスマスの物語に耳を傾けていただきたいのです。クリスマスに込められた、大きな喜びの物語は私たちのための物語です。大きな喜びは、大きな希望であり、それは私たちに生きる力を与えます。あなたにもこの大きな喜びを知ってほしい。そういう願いを持って、クリスマスの物語は語り継がれてきました。

2　なぜはるばるエルサレムへ？

ここに登場する博士たちというのは、聖書の他の翻訳では「占星術の学者たち」となっていますが、彼らは知識階級に属する星の研究家で、星の動きを通して世の中の動きや人々の人生を占い、相談に乗り、それをもって生計を立てていた人たちです。要するに、彼らは占い師たちです。新約聖書のギリシア語で「博士たち」は「マゴイ」あるいは「マギ」と言いますが、これは「マジック」や「マジシャン」の語源となった言葉です。

「東の方」の国というのは、昔のバビロンやペルシアという国があったところで、今のイラク、イランのあたりだと思われます。大昔のことですから、自動車や飛行機のない時代で、道路も今のようにアスファルトで整備されているわけではありません。おそらく博士たちは長い年月を経て、苦労に苦労を重ねて、はるばるエルサレムへやって来たことと思われます。

彼らは、占いで生計を立てながら、自分たちの国では安定した生活を送ることができたはずです。そればかりか、星の研究家であり、占い師であり、町の人々の相談に乗ってきたはずですから、周囲の尊敬を集め、恵まれた人生を送ることもできたはずです。けれども、彼らはそれを捨ててまで、苦労の末にエルサレムへやって来たのです。それはなぜでしょうか。

私は思います。この博士たちは占いというものの限界や虚しさを知ったのではないか。本当の意味で実りある人生を生きていくために、占いよりも遥かに確かなものを追い求めようとしたのではないか。バビロンやペルシアというのは、それ以前にユダヤ人たちが強制的に移住させられたところですから、そこでは何らかの形で聖書の教えが伝えられ、残っていたのかもしれません。彼らは断片的ながらも聖書の教えに触れて、天地を造られた神がユダヤ人の王として救い主（キリスト）をお遣わしになることを聞き、この方こそ自分たちが慕い求めるべき方ではないかと信じ、エルサレムへ旅立ったのだと思われます。

実は、私も占いに夢中になったことがあります。教会と関わりを持つ以前の中学生の時で、限られたお小遣いやアルバイトして稼いだお金で、星占いや四柱推命など、占いの本をせっせと買って読《よ》み漁《あさ》りました。近所の方からタロットカードを教えてもらったことがありますし、街角の占い師に手相を診てもらったこともあります。

なぜ私が占いに夢中になったのか。それは、これからの自分、将来の自分がどうなるか、はっきりと知りたかったからです。私は大阪で生まれたものの、小学校一年生の時に父の仕事がダメになって和歌山県へ引っ越しました。大阪では一軒家に住んでいたのですが、引っ越し先は小さな社宅でした。経済的に苦しくなり、急な引っ越しだったこともあって、引っ越した当初はテレビを持てなかったほどで、とても悲しく、寂しい気持ちになったことがあります。中学生になっても裕福な生活になったわけでもなく、共働きの両親の間で争いが絶えなかったことから、これから自分はどうなるのかという漠然とした不安があり、自分はどうしたら良いのか、どうしたら幸せになれるのか、そのためには占いに頼ってみようと思ったのです。

　占いは当たれば面白かったです。占いどおりに事が進むと、「やっぱりな！」と得意げになったものです。しかし、占いが当たるといっても、日常生活の些細《ささい》なばかりことです。しかも、今から考えると、それは偶然かもしれません。いろんな占いをかじってみると、それぞれの占いが相互に反対のことを言っていたり、矛盾だらけだったりすることに気づきました。実際のところ、占いは当たることよりも、当たらないことのほうがたくさんありました。

　私だけではありません。父も占いに凝っていました。私が小学生を卒業し、中学生になろうとする頃、突然、父親が私に「名前を変えなさい」と言い出したのです。名前を変えると言っても、漢字を一文字変えるだけです。私の名前は「大樹」ですが、最後の一文字を変えて、「大輝」に変えるというものでした。その理由を尋ねると、「姓名判断によると、こっちの漢字のほうがいいらしい」と父は言うのです。それで中学校の三年間は「大輝」という名前を用いましたが、占いが当たったとは言い難く、そのことで幸せに感じることはまったくと言っていいほどありませんでした。むしろ占いに夢中になったことをすごく後悔しました。

　人間はどこから来て、どこへ行くのか。そのような人間にとって重要な問題について、占いは正確に答えることはありません。いや、できません。占いは、「こうすれば、運が良くなる」とか、「ああすれば、道が開ける」とか、いろいろと条件を付けることはあっても、私たち人間を無条件に肯定することはありません。しかも、占いを信じていても、病気になることがあれば、事故に遭うことだってあります。どれだけ熱心に占いを信じていても、私たちが死を避けることはできません。

では、私たちはどう生きていけばいいのか。何を頼りにすべきなのか。それこそ私たちにとって大きな問題です。その問題を解決するため、聖書はイエス・キリストを指し示すのです。

3　キリストを探し求めて

エルサレムにやって来た博士たちは言いました。

「ユダヤ人の王としてお生まれになった方は、どこにおられますか。私たちはその方の星が昇るのを見たので、礼拝するために来ました。」

ユダヤ人の王。それはユダヤ人にとって、神から遣わされた救い主（キリスト）を指し示す言葉です。この方の言動に触れると、この方のお姿に接すると、神がわかる。神の思いが伝わる。この方は、私たちをどんなことがあっても守り抜き、生きる力を与えてくださる。そのような方が、キリスト（救い主）です。聖書では、それがクリスマスの主人公であるイエスだと語ります。

それゆえ、「イエス・キリスト」という言葉が生まれました。

「ユダヤ人の王」という表現が使われていますが、イエス・キリストは、ユダヤ人のためだけに、この世にお生まれになったのではありません。すべての人間のため、全世界の人間のため、イエス・キリストはこの世に来られました。

博士たちは「礼拝するために」やって来て、幼子イエスを「礼拝した」とありますが、この「礼拝する」という言葉は、「うやうやしく礼拝する」「真の礼拝をささげる」という意味で用いられています。これは、形式的で、表面的な礼拝行為を表す言葉ではなく、真剣に、心から礼拝するということです。博士たちは、救い主であるイエスこそ、ユダヤ人ではない自分たちも信ずべきお方、信頼できるお方であり、この方はユダヤ人ではない自分たちのためにも救い主として生まれてくださったのだと理解したのです。

マタイの福音書2章を見ますと、博士たち以外、誰もお生まれになったばかりのイエス・キリストに関心を示しません。ヘロデも、エルサレム中の人々も、ベツレヘムへ駆けつけるどころか、ただ動揺しただけです。民の祭司長たち、律法学者たちは、旧約聖書のミカ書という書物を紐解《ひもと》きながら、キリストがお生まれになったのがベツレヘムであると答えるのですが、彼らもただじっとしているだけでした。博士たちだけがお生まれになったばかりのキリストをこの目で見たいと、不思議な星に導かれつつ、ベツレヘムへ向かいました。

するとと見よ。かつて昇るのを見たあの星が、彼らの先に立って進み、ついに幼子のいるところまで来て、その上にとどまった。その星を見て、彼らはこの上もなく喜んだ。

なぜ博士たちは「この上もなく喜んだ」のでしょうか。それは、星が止まり、自分たちが探し求めていたキリストがここにいると彼らに指し示したからです。ここに本当の希望があると、示されたからです。「キリストによって、私たちは神の祝福にあずかることができる」というメッセージを彼らは受け取ったからです。

しかし、聖書で占いは固く禁じられています。「あなたのうちに、自分の息子、娘に火の中を通らせる者、占いをする者、卜者《ぼくしゃ》、まじない師、呪術者、呪文を唱える者、霊媒をする者、口寄せ、死者に伺いを立てる者があってはならない」(申命18・10〜11)とあるぐらいです。博士たちはユダヤ人でないばかりか、占い師でしたから、本来ならば、聖書の戒めを破る者であり、神の愛からは対象外になる人たち、資格のない人たちです。けれども、人種や出自、過去の過ちも問うことなく、どんな人間であっても、イエス・キリストは私たちをそのまま丸ごと受け止め、神の子どもとしてくださいます。次の聖書のことばが実現するのです。

この方はもとから世におられ、世はこの方によって造られたのに、世はこの方を知らなかった。この方はご自分のところに来られたのに、ご自分の民はこの方を受け入れなかった。しかし、この方を受け入れた人々、すなわち、その名を信じた人々には、神の子どもとなる特権をお与えになった。(ヨハネ1・10〜12)

博士たちは、資格のない自分たちをも神はあわれんでくださったこと、イエス・キリストによって自分たちは神の子どもとされたことを知って、大いに喜んだのです。

神との関係において、私たちは自分がどれだけ真面目でなければならないか、信仰深いかどうか、そういうことばかりを考えがちです。しかし、あえて申し上げますが、私たちは罪人でかまわないのです。パウロという人が、「しかし、私たちがまだ罪人であったとき、キリストが私たちのために死なれたことによって、神は私たちに対するご自分の愛を明らかにしておられます」（ローマ５・８）と語っていますが、そこで語られているのは罪人を愛される神です。

神は人間の資格や資質を問われません。人間的にも、信仰的にも、欠点や問題だらけで、罪深い私たちを、イエス・キリストによって、神は愛し、赦《ゆる》し、受け止めてくださいます。神との関係において大切なのは、私たち自身ではなく、神が私たちに何をしてくださったかということです。もっと具体的に言うと、神が私たちとどのように向き合ってくださるか、ということです。

この点を森有正《もりありまさ》という方が次のように述べています。

　人間というものは、どうしても人に知らせることのできない心の一隅を持っております。醜い考えがありますし、秘密の考えがあります。またひそかな欲望がありますし、恥がありますし、どうも他人に知らせることのできないある心の一隅というものがあり、そういう場所でアブラハムは神様にお眼にかかっている。そこでしか神様にお眼にかかる場所は人間にはない。人間はだれはばからずしゃべることのできる、観念や思想や道徳や、そういうところでだれも神様に会うことはできない。人にも言えず、親にも言えず、先生にも言えず、自分だけで悩んでいる、また恥じている、そこでしか人間は神様に会うことはできないのです。

（森有正『土の器に』）

繰り返しになりますが、私たちは罪人でかまわないのです。他人に言えない秘密や恥ずべきものがあったとしても、神はそれを無下に否定することなく、そういう私たちに出会ってくださるのです。そういう私たちをご自身の子どもとして受け止めてくださるのです。

それは、神が私たちを喜んでくださるということです。私たちにどんなことが起ころうとも、神が私たちを子どもとして守り、支え、養ってくださるということです。このことは何と幸いなことでしょうか。このことは私たちにとって大きな喜びであり、大きな祝福です。

4　大転換

それから家に入り、母マリアとともにいる幼子を見、ひれ伏して礼拝した。そして宝の箱を開けて、黄金、乳香、没薬を贈り物として献げた。

イエス・キリストに出会い、ひれ伏して礼拝した博士たちは、黄金、乳香、没薬を献げました。このことは何を意味するのか。さまざまな解釈がありますが、黄金、乳香、没薬というのは、占いのための道具だったと考えられます。つまり、博士たちが星を占う際に用いた、彼らの商売道具です。彼らの生計のために必要だった物です。宝の箱の中に入っていたようですから、それらは高価なものだったに違いありません。ところが、博士たちは、自分たちが生きていく上で必要だった高価な商売道具をイエス・キリストに献げました。

「クリスマスにおいて主イエス・キリストを知り、自分もまた神の子であるということを知った人間は、運勢判断や占いなどには、心を奪われなくなる。」

これは、ある牧師のクリスマス・メッセージの一部です。博士たちがまさにそうでした。全知全能の絶対者である神が、無条件で私たちを神の子どもとして受け止め、私たちの歩みを支え、守り、導いてくださる。イエス・キリストによって、どんなことがあっても私たちは生きていける。そのことを大いに喜んだ博士たちは、占いに心を奪われなくなったどころか、占いの道から決別したのです。だからこそ、彼らは黄金、乳香、没薬をイエス・キリストに献げたのです。

博士たちは、黄金、乳香、没薬を献げることで、占い師であることを止めてしまいました。彼らは商売道具を捨ててしまいましたから、それで貧しくなるかもしれません。けれども、彼らは「神様が必ず私たちを養ってくださるはずだ。神様に支えられながら生きていけるに違いない」と考えたのです。

献げられた黄金、乳香、没薬は、ヨセフとマリアと幼子イエスの三人家族がヘロデ王の追手を避けて、エジプトを逃れる際に用いられたものと思われます。博士たちも自分たちの国へ帰るためには何らかの費用が必要だったはずですが、彼らはそれでも黄金、乳香、没薬を献げました。神に養われ、生かされていることを信じた知った博士たちは、自分たちに与えられているものを分かち合うことを通して、自分たちのことだけを考えるのではなく、神と他者と共に生きる道を選んだのです。

博士たちはイエス・キリストに出会い、生き方において大転換を果たしました。しかし、それは嫌々でも消極的でもありません。彼らは大きな喜びの中にあって、新たな道を歩み出したということです。

私もイエス・キリストに出会い、その大きな喜びの中から、大転換を果たしました。

私は、教会とは無縁の、日本人として一般的な家庭に生まれ育ちました。詳細は省略しますが、そんな私が幾人かのキリスト者の生き方に触れて、「キリスト教って何だろう？」と興味を抱くようになりました。複雑な家庭環境の中に育ったこともあって、占いでは得られない本物の真理を求めていたのかもしれません。何を頼りにすべきなのか、もしかしたらそれがキリスト教の中にあるのかもしれないと、漠然と考えていたからかもしれません。

高校一年生のとき、学校で見つけた教会のトラクト（パンフレット）に同封されていたハガキに住所と名前を書いて送ったところ、教会から「日曜日の礼拝にいらっしゃいませんか？」というお手紙をいただきました。しかし、誘ってくださったのは見知らぬ人たちです。積極的に礼拝へ行こうとは思いませんでした。「せっかくの日曜日を無駄にしたくない」とか、「俺みたいな奴が礼拝に行ってもいいのか」とか、いろんなことを考えましたし、「もしも怪しい宗教だったら……」という思いが先立ち、躊躇《ちゅうちょ》してしまいました。

ところが、驚いたことに、高校には、すでに洗礼を受けて、その教会に通っていた生徒が二人も私と同じ学年にいたのです。そのうちの一人と出会う機会があったのですが、彼が「キリスト教を知りたいなら、外から見るのではなく、中に入って見るべきだろ？」と言ったことが決定的な一言となり、礼拝へ通うことにしました。

初めて教会の礼拝に出席した時のことは、今でも覚えています。司会者が祈っておられる間、私はそっと目を開けて、周りを見渡しました。礼拝に出席されている人たちが本当に祈っているかどうか、どのように祈っているのか、確かめようとしたのです。礼拝に出席されている人たちは全員、目を閉じて、静かに心を合わせて祈っておられ、「おー、本当に祈っている！」と驚きつつも、それとともに「この人たちは神様に生かされてるんだ……」と思い、その姿に言い知れない感動を覚えました。

礼拝に通うようになって、真の神はただおひとりであり、全知全能で、天地を創造された方であることはわかるようになりましたが、私が罪人であることと、罪人である私のために神の独り子であるイエス・キリストが身代わりとなって十字架にかかられたということが、なかなか理解できず、受け入れることはできませんでした。

ある時、教会の中でつまらない嘘をつき、自分を偽り、大きく見せてしまったことがありました。そのことを他の人たちは気づいていなかったと思うのですが、私自身は後でとても嫌な気持ちになりました。自分が偽善者に思えて仕方なかったのです。それをきっかけに、自分の中にある汚く醜いものが次々と露《あら》わになり、それを神はご存じだということに気づくと、「俺は罪深い人間だ。こんな俺を神様は絶対嫌いになるに違いない。俺は神様にふさわしくない。俺は神様に愛される資格なんかない」と心底思いました。

しかし、そう思いつつも、「父よ、彼らをお赦しください」（ルカ23・34）と十字架の上で祈られたイエス・キリストのことが頭から離れませんでした。「俺は罪人だ」と思う反面、イエス・キリストの十字架が思い出されるのです。そのことで悶々《もんもん》と過ごすうちに、「イエス・キリストの十字架は、罪人である私のためだった」ということに気づかされ、「私はイエス・キリストを受け入れ、洗礼を受けなければならない」と決断しました。

そして、高校三年生になって間もない五月二日、「イエス・キリストは私の主です」と信仰を告白して、洗礼を受けました。その日、私は大きな喜びに包まれました。神様の子どもになったという大きな喜びです。占いでは得ることのできなかった喜びです。

私はキリスト者になりましたが、その後の私の人生がすべてバラ色になり、すべてが成功し、すべてが恵まれたわけではありません。父を不幸な形で亡くしましたし、妻が病に倒れてから、今も入退院を繰り返しています。経済的に厳しい時を過ごしたことは何度もあります。さらに自分の内面のことについて言えば、キリスト者になってからのほうが、自分自身の弱さや醜さ、罪深さがよりわかるようになりました。

しかし、どんなことがあっても、神は私に寄り添い、私を支え、私を守ってくださる。私がどんな状態であろうが、神はこの私をご自身の子どもとして喜んでくださる。「これからどんなことがあっても、決してお前を見捨てることがない」と、神が私におっしゃってくださる。これが私の生きる原動力です。私の心の中心部分には、イエス・キリストとの出会いによって与えられた、この喜びがあります。この喜びのゆえに、神のために、誰かのために生きたい、この喜びを分かち合いたいと願い、牧師を志しました。

5　神の招き

この本を手に取ったあなたも、神は大きな喜びへと招いておられます。ぜひこの大きな喜びを受け取ってほしいと心から願います。

クリスマスの物語では、聖書で固く禁じられた占いを本業とする博士たち、しかもユダヤ人でも何でもない彼らが、不思議な星に導かれ、この世にお生まれになったばかりのイエス・キリストを求める中で大きな喜びに満たされたことを記されています。おそらく、マタイの福音書が書かれたばかりの頃、聖書を親しんでいた人たちの中には、「これはおかしい。ユダヤ人でもない人たち、しかも占い師なんかを、神が導かれるはずがない」と考えた人たちが少なくなかったと思われます。

けれども、神は占い師である博士たちを導き、大きな喜びをお与えになりました。それは、彼らが立派だったとか、熱心であったとか、そういう理由ではありません。神は、東方の博士たちの姿を一例として示しながら、「あなたがどのような者であってもかまわない。そのままでわたしの許《もと》に来なさい。あなたもこの大いなる喜びを博士たちと同じように受け取ってほしい」と、私たちを招いておられます。いわば、ここに登場する博士たちというのは、私たちの代表のような存在です。

ここに大きな喜びがある。イエス・キリストのご降誕というクリスマスの物語は、そのことを伝えるために語り継がれてきました。あなたも、イエス・キリストを受け止め、この大きな喜びを受け取ってください。

あなたのためなら、死んでもいい

百武　真由美

愛する者たち。
私たちは互いに愛し合いましょう。
愛は神から出ているのです。
愛がある者はみな神から生まれ、
神を知っています。
愛のない者は神を知りません。
神は愛だからです。
神はそのひとり子を世に遣わし、
その方によって
私たちにいのちを得させてくださいました。
それによって
神の愛が私たちに示されたのです。
私たちが神を愛したのではなく、
神が私たちを愛し、
私たちの罪のために、
宥《なだ》めのささげ物としての御子を遣わされました。

ここに愛があるのです。

愛する者たち。神がこれほどまでに私たちを愛してくださったのなら、私たちもまた、互いに愛し合うべきです。いまだかつて神を見た者はいません。私たちが互いに愛し合うなら、神は私たちのうちにとどまり、神の愛が私たちのうちに全うされるのです。

（新約聖書「ヨハネの手紙第一」４章７〜12節）

1　愛をささやくクリスマス

私がまだ若く、友人の多くもまだ独身だったころ、十一月に入ると「クリスマスを好きな人と過ごしたい」ということが毎年話題にのぼりました。クリスマスという時期に乗じて思いを意中の人に伝えることは多そうですし、寒さ厳しいクリスマスを親密な間柄の人と一緒に過ごしたいと思う気持ちはわかります。「愛をささやくクリスマス」と言ったら大げさかもしれませんが、自分に思いを寄せてくれる人の存在を身近に感じたい頃の一つがクリスマスと言えるでしょう。

試しに「クリスマス　告白　セリフ」というキーワードで検索してみると、ヒットするサイトが山のように表示されます。「好きです、付き合ってください」「僕の（私の）彼女（彼氏）になってください」「あなたとずっと一緒にいたい」「こんなに好きになったのは初めて」「一生君を幸せにしたい」等、愛を伝えるセリフ指南にも事欠きません。自分ならどんな言葉で愛をささやいてもらいたいだろう……とうっとりしながら聖書を開くと、聖書独自の愛の伝え方があることに気が付きます。では、聖書はどんな言葉をもって愛をささやいているのか。クリスマスの時期、ちょっと興味が湧きませんか。

2　“LOVE”の翻訳

もう五百年近く昔のこと、一五四九年に、日本に初めてキリスト教がもたらされました。フランシスコ・ザビエルが来日した時のことです。ザビエルに続き、スペインやポルトガルから続々と宣教師がやって来ました。彼らは日本語での説教を試み、また聖書の日本語訳に取り組み始めました。ところがすぐに翻訳は難航します。聖書では非常に多く用いられる「愛する」に相当する日本語が当時、存在しなかったことが原因でした。そこで宣教師たちは、この言葉をどのように日本語に翻訳するか、検討を重ねます。そして「ごたいせつ」という日本語を用いて、愛を表現することにしたのです。

十七世紀の初めに宣教師たちが日本語で出版した『どちりな・きりしたん』というキリスト教の教理（教えを順序立ててまとめたもの）の本では、たとえば「十戒」と呼ばれる旧約聖書のもっとも大切な約束を要約する文脈では、次のように綴《つづ》られています。

「ばんじにこえてＤ〔デウスの略、神さまのこと〕を御たいせつに思ひ奉る事と、わが身を思ふごとく、ぽろしも〔隣人〕となる人をたいせつに思ふ事これ也。」（新村出、柊源一校註『吉利支丹文学集2』、平凡社〔東洋文庫五七〇〕、一九九三年、一二六頁）

時を隔てて幕末期、日本に英語が入ってくると、今度は「LOVE」という単語をどう日本語にするかが課題となりました。一説によれば、どうやらその頃に現在私たちが使う「愛」という単語が日本語に登場し始めたようですが、明治時代になってもLOVEという単語をどう翻訳するかというのは、文学に携わる人々の大きなテーマであったようです。イギリスに留学した漱石は、"I love you."を置き換える際に、ストレートな表現を避けて、「月がきれいですね」と言ってその思いを間接的に表そうと試みたそうです。LOVEの翻訳について、漱石とセットで紹介されることの多いのが、ロシア文学家の二葉亭四迷です。四迷は"I love you."をこう翻訳しました。「死んでもいい。」

漱石と四迷の意訳は今日、彼らが本当にそう訳したかどうか諸説あるようです。ただ、二葉亭四迷が用いた「死んでもいい」という翻訳は意外にも、聖書が用いる「愛する」の意味を的確にとらえています。というのも聖書の中で、「あなたのためなら、死んでもいい」と言って、実際に本当に死んだ人がいるからです。その人のことを聖書は、イエス・キリストと呼んでいます。

3　イエスさまの愛し方、神さまの愛し方

イエス・キリストという人が十字架にかかって死んだ、ということは、キリスト教に日頃接点のない人にも広く知られていることだろうと思います。しかしなぜ、そんな死に方をしたのでしょうか。十字架というのは、犯罪者を裁くための処刑道具です。十字架刑はイエスさまの生きた時代、最も重い処刑方法の一つでした。十字架につけられる人とは、重大な犯罪を犯したとみなされた人物たちです。しかし実際のところ、イエスさまがどんな犯罪を行ったかといえば、何も犯しはしませんでした。少なくとも聖書をくまなく読んでも、また当時の文献にあたっても、イ

エスさまの犯した犯罪の記録は見当たりません。ところが彼は死刑の判決が下されたとき、一言も語らなかった。無言を貫いて、御自身に下された判決を受け入れられました。そして無抵抗のままに十字架につけられて、あっけなく死んでいった。それがイエス・キリストという人でした。

二葉亭四迷が翻訳したといわれる「あなたのためなら、死んでもいい」は、"I love you." の訳語であって、真意は「死んでもいいくらいに愛している」です。本当に死のうとしているとは思えません。死んでもいいくらいの熱心さをもって愛していることを伝え合う間柄は、死ではなく、生きることを望むでしょう。しかも一緒に生きることを。ところが聖書の場合は、それはロマンチックなムードで愛を伝えるセリフではなく、実際に人が死んでいます。しかも死んだ人は、「神の御子」「救い主」とも囁《ささや》かれた人物でした。

イエス・キリストという人のことを聖書は、次のように説明しています。

キリストは、神の御姿《みすがた》であられるのに、
神としてのあり方を捨てられないとは考えず、
ご自分を空《むな》しくして、しもべの姿をとり、
人間と同じようになられました。
人としての姿をもって現れ、
自らを低くして、死にまで、

それも十字架の死にまで従われました。（ピリピ2・6〜8）

神であったのに、人間と同じようになったキリストという方は、「神としてのあり方（＝姿）」にこだわらずにへりくだって、十字架刑を引き受けるまで自分を低くなさいました。その理由を説明したのが、ヨハネの手紙第一の4章です。

神はそのひとり子〔イエス・キリストのこと〕を世に遣《つか》わし、
その方によって
私たちにいのちを得させてくださいました。
それによって
神の愛が私たちに示されたのです。（Ⅰヨハネ4・9）

私たちがいのちを得るために、キリストは死なれた。いったいどういうことなのでしょうか。ここでいわれる「いのち」というのは、拍動を伴う命とは別物です。「いのちを得る」ということは、キリストが死なないかぎりは、このいのちを私たちは持っていないようです。

聖書のいう「いのち」。それは、神さまとともにいることを意味します。ところが人間にはこのハードルが非常に高いのです。なぜなら神さまには、罪あるままには一緒にいることはおろか、近づくことすらできないからです。ですから旧約聖書では、人々は礼拝（＝神さまに近づく）のたびに動物などを犠牲とし、いけにえをささげました。罪の代償は死だったからです。本当は罪を犯した人本人が犠牲となるべきですが、そうなると私たちは礼拝のたびに死なないといけません。そういうわけにいかないので、かつては動物が用いられました。「罪の報酬は死です」（ローマ6・23）のとおりです。

「死」それは、この本の読者の誰もまだ経験したことのない、未知の領域です。だから私たちは死に対して、恐れを抱きます。わからないことだからです。それだから「死にたくない」という気持ちは想像がつきます。死にたくないなら、罪を犯さなければよいまでのことです。ただしここでいう罪とは、法を犯すという意味合いではなく、神さまを神さまとしないことを指します。それは罪という言葉の原意である「的を外す」を想像するとわかりやすいでしょうか。的を外して神ならぬものを神としてしまっている状態。正しく的を射るためには、どこが的の中心かを正しく知っていなければなりませんが、私たちは神さまを正しく知る方法も知識も持ち合わせていませんから、どうしても的を外してしまう。ですから、罪は決して他人事ではありません。しかもやっかいなことに、信仰を得て神さまをより正しく知る手段がわかっても、神さまよりほかのもの（それは得てして自分自身であることがほとんどではないでしょうか）が優先順位の上に来てしまい、それを何とかしようとしないことは、クリスチャンと呼ばれる人々が日々直面している現実です。

……ということは誰にも罪があり、死なねばならないわけです。

自分のためでも死ぬのは怖いのに、けれどもキリストは「あなたのためなら、死んでもいい」と言われました。

キリストは聖書によれば神の御子なのですから、神さまを正しく知るのは難なく、ゆえに罪に悩む必要もありません。けれどもそのお方が、「あなたのためなら、死んでもいい」と考えて、死ぬ必要がないのに死んでくださった。それを聖書は「愛」と呼びます。十字架から伝わってくるのは、「あなたのためなら、死んでもいい」という私への愛です。

4　キリストは死なねばならなかったか

「あなたのためなら、死んでもいい」くらいに誰か一人からでも自分を重んじてもらえたら、勇気と自信が湧いてくる気がします。しかしもし本当に私のために命が犠牲となるなら、その出来事の重みに私たちははたして耐えられるでしょうか。

ですから、できればキリストにも死なずにすんでもらいたいと思うことはないでしょうか。できれば死なずに、でも私を愛してもらいたい……。

しかし、そういうわけにはいかなかったのです。キリストの死は、私の罪を解決するためにどうしても必要なことでした。

神はそのひとり子を世に遣わし、

その方によって
私たちにいのちを得させてくださいました。
それによって
神の愛が私たちに示されたのです。
私たちが神を愛したのではなく、
神が私たちを愛し、
私たちの罪のために、
宥《なだ》めのささげ物としての御子を遣わされました。
ここに愛があるのです。（Ｉヨハネ４・９〜10）

御子なるキリストは「私たちの罪のための宥めのささげ物」となるために、神が遣わしてくださった方で、それは神の愛によることだとこの手紙は伝えます。

繰り返しますが、私たちの罪にはそれを償《つぐな》うための犠牲が必要でした。「罪の報酬」を支払わなければ罪は解決できません。興味深いのは、「宥め」という言葉です。辞書をひもとくと「怒りや不満を和らげ、鎮める」というほかに、「罪などに対して寛大な措置をとる」とあります。この「ささげ物」がなければ、罪の報酬は容赦なく私を襲っていた。私は無惨に死んでいくほかなかったということです。そういう私に課されるはずの罪の報酬を和らげるために、神のひとり子が代わって死んでくださった、それが十字架の出来事です。先ほどの聖書の言葉には「神が私たちを愛し、私たちの罪のために、宥めのささげ物としての御子を遣わされました」とありました。神さまが罪の報酬を解消するために、御子を送ってくださり、それは私たちを愛するゆえだったといいます。ですから、「あなたのためなら、死んでもいい」はイエス・キリストの生き方であり、神さまの愛の示し方です。そして本当にキリストが十字架の死を引き受けるまでに、私を重んじ、尊んでくださって、私の罪の報酬は初めて不要となりました。

それは裏を返せば、私の罪の報酬はそれだけ重かったということでしょう。キリストの十字架の死を「身代わり」という言葉で表現することがしばしばありますが、本来それはキリストではなく、私が引き受けねばならないものでした。だから、私が罪の責任を問われずにすむためには、ほかの誰かが死ななければならなかったわけです。それを「あなたのためなら」と言って引き受けてくださったのがイエスさまであり、それをよしとするほど私を愛してくださったのが、神さまでした。

ルネサンスの天才芸術家、ミケランジェロの最晩年の作品に、小さな木彫りの十字架像があります。高さ三十センチにも満たない小さな彫刻で、精密でリアルなほかの作品とは作風を異にし、荒々しいノミづかいが見てとれます。その十字架像はイエスの表情もおぼろげで、肩から先の腕は彫り出されてさえありません。背面も、ほぼ原木のままです。

しかしとても印象的なのは、この十字架像は、キリストが十字架に「つけられている」というよりも「自ら十字架を背負って立っている」ように見えることです。そこに、イエス・キリストが「あなたのためなら、死んでもいい」という意志をもって自ら十字架に進み出てゆかれた愛を見るような思いがします。まさに、私のことを「たいせつ」に思ってくださって、重く苦しい十字架を進んで背負っているキリストの御姿です。

ミケランジェロはその生涯で、相当数の十字架像を描き、また彫り出してきました。先の木彫りの十字架像に比べて、ずっと精密でまた痛ましい、十字架の事実を心に迫る形で描き出す作品が多くあります。けれどもミケランジェロが最晩年に、十字架の前に「自立している」ように見える」キリスト像を彫り出したのは、ある種のミケランジェロの信仰告白のように思われます。もしかすると、ミケランジェロもまた、自発的に十字架に進みゆかれたイエスさまの愛を感じ取っていたのかもしれません。

5　愛された者の愛し方

「あなたのためなら、死んでもいい」といって十字架についてくださったキリストのご愛に、どう応えたらよいでしょうか。ヨハネの手紙は、その答えを示してくれています。

愛する者たち。神がこれほどまでに私たちを愛してくださったのなら、私たちもまた、互いに愛し合うべきです。いまだかつて神を見た者はいません。私たちが互いに愛し合うなら、神は私たちのうちにとどまり、神の愛が私たちのうちに全《まっと》うされるのです。（Ⅰヨハネ4・11〜12）

私たちがキリストのように「あなたのためなら、死んでもいい」と言って誰かのために命を投げだすのは、とてもハードルの高いことです。けれども『どちりな・きりしたん』でも指摘されていたように、「わが身を思うごとく隣人をたいせつに思う」ように努めれば、そこに私たちの能力をはるかに超えた神さまの愛が見いだされるというのです。

私たちは、イエス・キリストを通して神さまが差し出してくださった「いのち」を与えられています。そのいのちの使い方があるとすれば、「神さまを愛し、隣人を愛する」ことと言えるでしょう。「自分を愛するように隣人を愛する」こともまた、人間誰にとっても、大きなテーマとなる課題です。それでも、かつての宣教師たちの翻訳がヒントになります。「大切にする」。自分をいつくしむようにあの人を大切にする、あの人が心地よくいられるように考え行動する。本当にそう実行できた時、そこには、「あなたのためなら、死んでもいい」と言って自ら死を引き受けてくださったキリストの愛の香りが漂います。そこには、キリストに愛された人が「自分の十字架を負って」立つ姿が見られるでしょう。これが「愛された者の愛し方」です。

クリスマスにささやかれる愛のほとんどは、人の心が移ろいゆくように、時と共に変化していきます。けれどもイエス・キリストの「あなたのためなら、死んでもいい」愛は、変わらず、減らず、なくなりません。私の心持ちや態度によって変化することもありません。クリスマス、それは「キリストの誕生を祝う」という意味。クリスマスの時、本物の愛に触れてみられたらと思います。クリスマス、それは神がキリストを通して、あなたに、愛をささやく季節です。

岸本大樹	大阪聖書学院学院長
大嶋重徳	鳩ケ谷福音自由教会牧師
加藤満	日本イエス・キリスト教団名谷教会牧師
吉川直美	聖契神学校教師
富浦信幸	関西聖書学院舎監
川口竜太郎	hi-b.a. スタッフ
百武真由美	遺愛学園宗教主任

メリー・クリスマス・トゥ・ユー！２
〜私が見つけた喜び〜

2023 年 11 月 25 日発行

著　者　岸本大樹・大嶋重徳・加藤満・吉川直美・
富浦信幸・川口竜太郎・百武真由美

発　行　いのちのことば社
164-0001 東京都中野区中野 2-1-5
TEL 03-5341-6920
FAX 03-5341-6921
e-mail：support@wlpm.or.jp
ホームページ http://www.wlpm.or.jp/

新刊情報はこちら

乱丁落丁はお取り替えします
Printed in Japan

ISBN978-4-264-04455-0